NOTICE SUR LE
MUSÉE NAPOLÉON III
ET
PROMENADE DANS LES GALERIES

PAR

ERNEST DESJARDINS

Deuxième édition

PARIS
LÉVY FRÈRES, LIBRAIRES-ÉDITEURS
2 BIS, BOULEVARD DES ITALIENS
A LA LIBRAIRIE NOUVELLE

1862

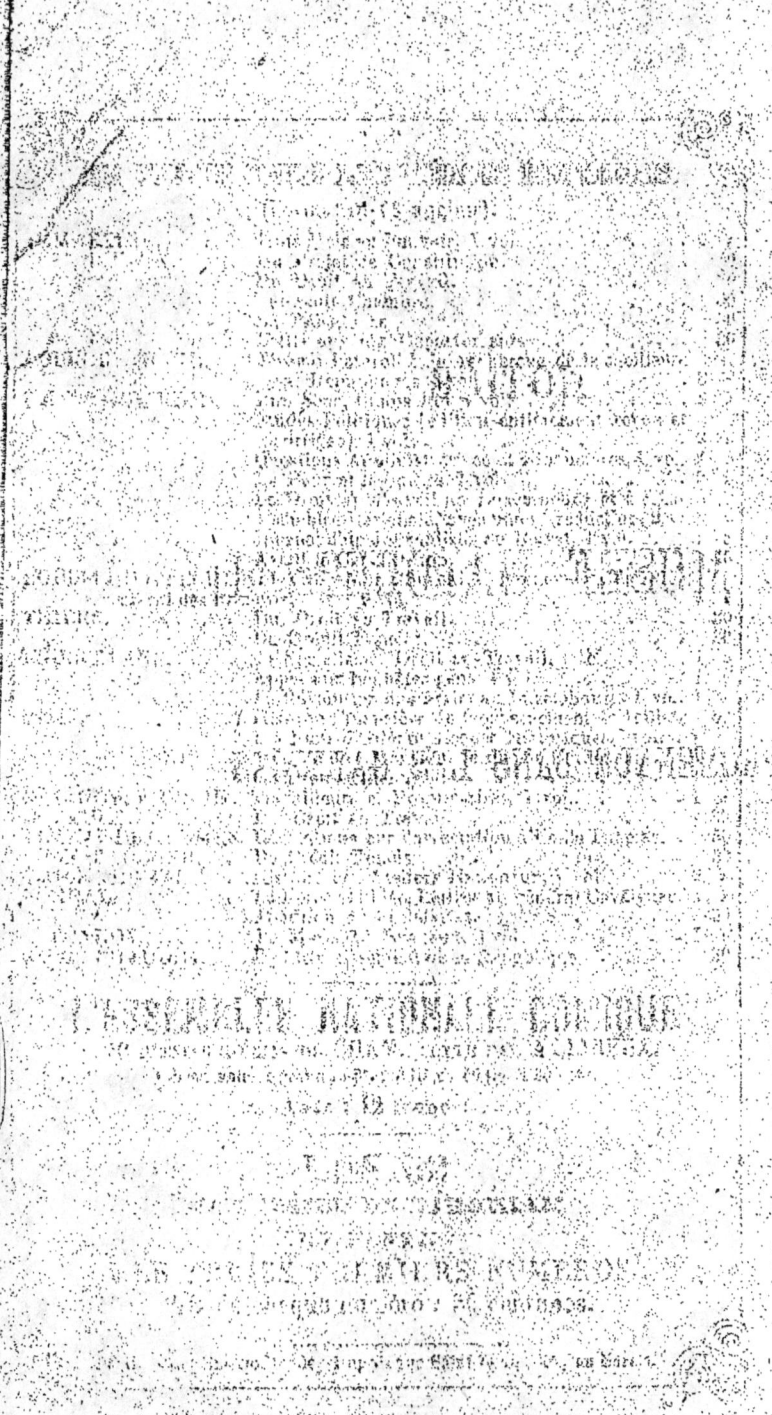

NOTICE

SUR

LE MUSÉE NAPOLÉON III

ET

PROMENADE DANS LES GALERIES

PARIS
IMPRIMERIE DE L. TINTERLIN ET Cⁱᵉ
Rue Neuve-des-Bons-Enfants, 3.

NOTICE
SUR LE
MUSÉE NAPOLÉON III
ET
PROMENADE DANS LES GALERIES

PAR

ERNEST DESJARDINS

Deuxième édition

PARIS

MICHEL LÉVY FRÈRES, LIBRAIRES ÉDITEURS

RUE VIVIENNE, 2 BIS, ET BOULEVARD DES ITALIENS, 15,

A LA LIBRAIRIE NOUVELLE

—

1862

Tous droits réservés

NOTICE

SUR LE MUSÉE NAPOLÉON III

ET

PROMENADE DANS LES GALERIES

NOTICE

—

Le jour même où l'Angleterre inaugurait la grande Exposition de l'industrie universelle, la France ouvrait au public intelligent et éclairé l'exposition artistique la plus intéressante qu'on eût encore vue, par la variété et l'importance historique de ses richesses : — A Londres, les merveilles de l'industrie contemporaine ; — à Paris, les merveilles de l'art dans tous les temps.

Le Musée Napoléon III est composé de l'ancienne collection Campana, de quelques acquisitions complémentaires, et des objets rapportés de Syrie, de Macédoine et d'Asie-Mineure, par MM. Renan, — Heuzey et Daumet, — Perrot et Guillaume.

On se rappelle que, l'an dernier, MM. Léon Renier et Sébastien Cornu furent chargés par l'Empereur de traiter avec le gouvernement romain pour l'acquisition de cette célèbre collection, et que le contrat a été approuvé et ratifié par un double vote de la Chambre.

Au moment où l'administrateur de ce nouveau Musée, M. Sébastien Cornu, qui a présidé avec l'intelligence d'un vrai connaisseur et le goût d'un artiste, à l'arrangement de ces galeries provisoires, nous en livre l'accès, il importe de dire quel est le caractère, l'intérêt, le sens même de ce vaste ensemble de richesses.

Ce qui frappe tout d'abord en parcourant les salles du Musée Napoléon III, c'est le but entièrement neuf qu'on s'est proposé et qui n'a d'analogue nulle part.

Ce que le public est habitué à chercher dans ces sortes d'expositions, ce qu'il trouve au Louvre, au Vatican, au British Museum, au Musée de Berlin et à *l'Ermitage* de Saint-Pétersbourg, ce sont des objets d'art choisis avec goût pour leur mérite plastique ou leur valeur archéologique, et qui, isolément, ont chacun leur prix, indépendant de la place qu'ils occupent.

La collection dont il s'agit a un tout autre caractère.

Bien que composée, en très-grande partie, d'œuvres exquises, elle offre avant tout les éléments d'une histoire de l'art dans toutes ses transformations.

Ceux qui ont fait grand bruit du prélèvement par la Russie de quelques pièces importantes, — prélèvement antérieur à la décision du Gouvernement français, — paraissent n'avoir nullement compris le véritable intérêt de ce Musée unique. Il réside principalement dans l'ensemble qu'offrent les séries ; au point que, si l'on songeait à les diviser, la valeur toute spéciale de cette collection et même de chacun des objets qui la composent, en serait certainement diminuée.

Là, tout a été réuni et classé en vue de présenter les développements successifs de l'art. On peut y suivre ses premiers essais, ses progrès, son apogée et son déclin ; on peut surtout y apprendre qu'à l'âge de leur enfance et de leur jeunesse, l'art et l'industrie étaient deux jumeaux inséparables qui ne marchaient jamais l'un sans l'autre, de telle sorte qu'on ne distingue souvent pas lequel des deux a été l'inspirateur ou l'inspiré.

Dans les galeries du Musée Napoléon III, on pourra donc faire l'histoire :

De l'*orfévrerie étrusque, grecque* et *romaine* ;

De la *céramique* ou art du potier, et de la peinture sur vases ;

De l'art des *reliefs en terre cuite* et de la *peinture décorative* ;

De l'*art du verrier*;

De l'*art du fondeur* et du *ciseleur en bronze*.

Voilà pour l'antiquité.

Pour les époques postérieures, on y apprendra ce qu'a été :

L'*art de la maïolique* ou de la *faïence*, en Italie, depuis les premiers emprunts faits aux Arabes, en Sicile, jusqu'à la fin du dix-septième siècle;

On y verra quelques spécimens de la *statuaire de la Renaissance*, depuis Donatello jusqu'à Michel-Ange.

Enfin, on y pourra suivre l'histoire non interrompue des progrès et de la décadence de la *peinture italienne*, depuis les Byzantins, Cimabué, Giotto, Fiesole et les écoles monastiques, jusqu'aux Carrache, — avec quelques pages intéressantes des *grands peintres* du seizième siècle.

Quant à la *statuaire*, si elle ne présente pas une série aussi suivie, elle compte des morceaux de choix dignes de figurer parmi les plus beaux restes de l'antiquité.

Telles sont les différentes séries de la collection Campana.

On y trouvera donc, à côté des chefs-d'œuvre de l'Étrurie, de la Grèce, de Rome et de l'Italie moderne, des productions naïves qui trahissent dans leur simplicité archaïque l'inexpérience des procédés, mais qui ne sont pas les pièces les moins intéressantes et qui sont souvent les plus rares. Elles nous font connaître du moins toute la valeur des arts primitifs, et nous révèlent, sous les formes un peu rudes des anciens âges, une austérité pleine de grandeur et une élégance instinctive pleine de charme; on y découvre enfin presque toujours un sentiment profond qui va droit au but; qui, par cela même, néglige les détails et atteint sans effort et sans recherche le vrai style, que le raffinement des procédés obscurcira souvent plus tard.

Pour entretenir le public des différentes séries de cette collection, il faut posséder des connaissances spéciales et approfondies dans chacun de ces arts, et nous sommes loin d'y prétendre. Nous nous bornerons donc à parcourir d'un coup d'œil les différentes salles du Musée Napoléon III, en indiquant l'intérêt qui recommande chacune d'elles et les objets qui nous ont le plus frappé dans chaque série.

PROMENADE DANS LES GALERIES

PROMENADE DANS LES GALERIES

PREMIÈRE PARTIE

ANTIQUITÉ

I

VESTIBULE DU BAS.

Sculpture antique (1).

Nous devons signaler d'abord, dans le grand vestibule du bas :

Deux sarcophages dont les bas-reliefs, bien conservés, représentent : l'un la *Lutte d'Apollon et de Mar-*

---

(1) La sculpture antique n'a pu être réunie dans une seule et même salle. On la trouvera donc : 1° dans le vestibule du bas; 2° dans celui du haut; 3° dans le salon carré; 4° dans la salle du fond, n° 22, au bout de la galerie de gauche; et 5° au rez-de-chaussée, au bas de l'escalier Nord-Ouest, compartiment correspondant à la salle n° 22 du premier étage.

Pour la statuaire provenant de la collection Campana, il serait bon de consulter le recueil de photographies exécutées à Rome avant 1856. Elles ont été accompagnées d'un texte imprimé mais encore inédit, et rédigé par M. Henry d'Escamps.

syas, n° 314, à gauche, trouvé dans la campagne de Rome; — l'autre, *Phèdre et Hippolyte*, n° 313, à droite.

Au pied du grand escalier de droite, une statue unique de *Sylla* (trouvée sur le mont Viminal, à Rome), n° 110.

Vis-à-vis, un *Mercure Agorée*, trouvé aux environs de Rome, n° 13.

Au-dessus du sarcophage n° 314 se voit une demi-figure d'Auguste avec la couronne de chêne, provenant de Cœre (ville d'Étrurie), n° 113.

Au-dessus du sarcophage n° 313, une demi-figure d'*Antonin le Pieux*, n° 131.

En face de l'entrée, une statue en pied de *Claude*, n° 122 (trouvée à la Villa Adriana, près Tivoli), — et une statue en pied de *Lucius Verus*, n° 134.

Une statue en pied de *Titus*, au pied de l'escalier de gauche, n° 124 (trouvée près de Saint-Jean-de-Latran, Rome).

Vis-à-vis, une statue en pied de *Vespasien*, n° 123 (trouvée auprès de Pompeï).

II

VESTIBULE DU HAUT.

Statuaire antique.

On remarquera, parmi les marbres antiques qui décorent le vestibule du haut : l'*Amour bandant son arc*, n° 20, souvenir de la fameuse statue de Praxitèle, et provenant d'une ancienne fouille du Palatin.

Une *Livie*, n° 114, d'une très-belle conservation et drapée avec élégance ; elle est représentée avec les attributs de Junon reine.

Un *Germanicus assis*, n° 118, dont la physionomie est traitée avec finesse (trouvé sur le mont Aventin).

Un *Hercule jeune*, dont le torse est d'un beau travail, trouvé sur la voie Appienne (le bas des jambes rapporté), n° 70.

Un *Alexandre* d'un grand caractère (marbre grec), n° 98. « Un des portraits les plus remarquables du héros macédonien, il peut être mis en parallèle avec celui du musée du Louvre, qui est considéré comme le portrait-type d'Alexandre. » (Henry d'Escamps.) Trouvé sur le mont Aventin.

Une demi-figure de *Domitien*, n° 126 (trouvée aux environs de Naples).

VESTIBULE DU HAUT

Une très-belle statue en pied d'*Antonia*, n° 119.

Une statue en pied de *Julie*, fille de Titus, n° 125.

Une belle demi-figure d'Hadrien, n° 128. Draperie en bronze. Les yeux étaient sans doute en émail. (Trouvée près de la Villa Adriana, à Tivoli.)

III

SALON CARRÉ.

Le salon carré présente tout d'abord un grand attrait par la variété des objets qui y sont réunis et par le goût méthodique qui a présidé à leur arrangement. Le respect religieux pour la grande antiquité s'y montre partout. Il paraît aussi bien dans la simplicité et la sévère élégance de la décoration que dans le soin qu'on a pris de mettre sous leur vraie lumière les plus belles œuvres et de donner toute leur valeur aux moindres débris.

1° *Bijoux antiques.*

(Le Catalogue est publié.)

Les vitrines centrales renferment cette fameuse collection des bijoux d'or, étrusques, grecs et romains, qui compte, dans ses 64 écrins, plus de 1,200 pièces de provenances diverses ; car les commissaires français ont, pour cette série, beaucoup ajouté, par des acquisitions ultérieures, aux richesses de la collection Campana. C'est la première fois que le public, en France, peut prendre une connaissance complète de ces productions des grands artistes de l'Étrurie et de la Grande-Grèce. Nous pensons même que la vue et l'étude de ces chefs-d'œuvre de goût et de patience ne seront pas sans influence sur la joaillerie contemporaine.

Cependant les hommes du métier qui admirent ces merveilles déclarent cet art inimitable et confessent que les procédés en sont perdus. Or, ce n'est pas par le poids du métal que se recommandent les bijoux du musée Napoléon III : les plus rares sont d'une légèreté extrême. C'est encore moins par la richesse des matières accessoires. Les seules pierres employées sont des améthystes, des émeraudes opaques d'Égypte, des saphirs, des aigues-marines, du lapis, du grenat, des turquoises; enfin de la pâte de verre d'une richesse de couleur et d'une douceur de ton qu'il n'est peut-être pas impossible d'atteindre aujourd'hui. On y trouve quelquefois des perles, et c'est tout : ni diamants, ni émeraudes fines, ni rubis.

Mais qui ne sera séduit par le dessin de ces colliers, de ces pendants d'oreille, de ces bracelets et de ces fibules ou agrafes? La beauté artistique de ces figures repoussées, la ténuité des détails, la finesse incomparable de la ciselure, sont des mérites qui ne sauraient échapper à personne.

Quant au *granulé* et au *cordelé* (on appelle ainsi cette réduction de l'or en parcelles infiniment petites ou en fils plus insaisissables qu'un cheveu); — quant au procédé de soudure de ces atomes et de ces fils métalliques avec la pièce principale, ce sont des secrets que les artistes étrusques et grecs ne nous ont point révélés, mais que nos artistes découvriront ou retrouveront peut-être. Ce ne sera pas un des côtés les moins intéressants et les moins productifs de la belle acquisition faite par l'ordre de l'Empereur, que ce stimulant donné à l'industrie et ce modèle proposé au bon goût public.

Nous citerons comme les objets les plus dignes d'attention :

Dans la petite vitrine du milieu : les trois diadèmes d'or A, B, C, d'un admirable travail;

Un casque de bronze étrusque avec la couronne d'or honoraire.

Des colliers étrusques de l'art le plus délicat.

Dans les vitrines du pourtour, voyez surtout les écrins 17, 22 et 25.

(On trouvera la description détaillée au Catalogue spécial.)

2° *Ivoires antiques*.

Les ivoires antiques qui figurent dans les vitrines

sont d'un intérêt capital pour l'histoire de l'art archaïque. Les plus anciens datent peut-être du dixième siècle avant notre ère.

Ils se trouvent dans les vitrines placées entre les deux portes d'entrée et dans l'armoire de droite (écrin n° 63, du plus grand intérêt à cause du dessin de ses figures révélant la plus haute antiquité).

3° *Statuaire antique.*

Parmi les statues et les bustes qui décorent le pourtour de ces vitrines centrales, il faut remarquer :

Un *Adonis*, d'un joli travail, n° 1.

Le *Buste d'un jeune Romain*, n° 253, portrait plein de vérité, respirant la tristesse maladive d'une nature chétive et délicate.

Et un buste assez fin de *Caligula*, n° 167. (Rare, trouvé à Tusculum.)

Au fond et en face, sont les cinq morceaux les plus importants de la collection pour la statuaire antique :

Un *Ælius César*, n° 130, fils adoptif d'Hadrien, (trouvé à Cumes), magnifiquement drapé, et dont le torse a conservé son beau poli.

Un *Marcus Brutus*, n° 117, « privé, disait le catalogue Campana, de ce même bras qui avait frappé César, » portrait fort rare, — car on ne tenait pas à conserver sous l'empire les représentations du farouche républicain, — et image intéressante par sa ressemblance évidente, son expression singulière de conviction et de ténacité aveugle ; cervelle étroite d'ailleurs, front bas, et qui semble appartenir à quelque Jacques Clément ou à quelque Verger vulgaire, et non au grand conspirateur dont le ciseau énergique de Michel-Ange a ébauché le type immortel dans son *Brutus* des Uffizi de Florence. La statue du Musée Napoléon III a été trouvée aux environs de Tusculum.

A droite, un admirable morceau de marbre pentélique nous offre le *torse d'un Actéon,* n° 102 : largeur de style, draperie à la Phidias, beauté savante de travail ; tout recommande ce précieux débris que Tenerani, le célèbre sculpteur romain, directeur du Musée du Vatican, place sur la même ligne que le torse du Belvédère et immédiatement après le fronton du Parthénon.

A gauche, le *Bacchus* séduira tout le monde par ses grâces juvéniles et la sérénité divine de ses traits. On peut dire de ce beau marbre grec que, bien qu'incomplet, il est achevé dans toutes les parties qui nous en restent.

Entre ces deux chefs-d'œuvre se place la perle de la collection, la fameuse *Venus marine,* sœur de celle du Capitole et proche parente de la Vénus de Médicis, brillante de grâce et de jeunesse, et qui semble présider en souveraine à toutes ces beautés de l'ancienne Grèce et de l'ancienne Rome. Elle a été trouvée à Porto d'Anzo (l'ancienne *Antium*), d'où provient aussi l'*A-*

pollon du Belvédère. (Les bras ont été ajoutés.)

Entre les deux vitrines adossées au mur, sont trois bustes qui nous offrent les traits d'Auguste à trois âges différents. On sera frappé de la ressemblance de celui du milieu, n° 155, avec Napoléon Ier vers 1802. (Trouvé aux environs du mont Palatin.)

Moins jeune et plus réfléchi, nous retrouvons encore le fondateur de l'Empire romain, la tête couverte du voile pontifical, n° 157.

Outre les bustes déjà mentionnés dans le salon carré, on remarquera, sur les tablettes du mur de l'entrée, les portraits suivants :

Alexandre, n° 509, d'un beau travail grec.

Virgile, n° 517, les lèvres entr'ouvertes. (Trouvé aux environs de Pouzzoles.)

Une intéressante *Lucile*, n° 201, femme de Lucius Verus et fille de Marc Aurèle. (Buste trouvé aux environs de Tivoli.)

Un *Commode jeune*, n° 202, et presque aimable, sorti d'un ciseau délicat. (Trouvé à Otricoli.)

Un *Claude*, n° 169.

Un *Tibère*, n° 161. (Trouvé aux environs de Misène, golfe de Naples.)

Un *Néron*, n° 173. (Trouvé dans les ruines de la Maison-d'Or, à Rome.) — Et, auprès, le buste du même personnage enfant, n° 172.

Un *Trajan*, n° 185. (Trouvé dans la Sabine.)

4° *Verres antiques.*

A droite du salon carré, sont les trois armoires de verres antiques, de provenances phénicienne, grecque et romaine. On y admirera surtout :

Un *verre intact avec ses pampres bleus en relief*, n° 177, des fioles opaques de Tyr et de Sidon, *rubannées* jaune, vert et bleu, des pâtes de verre aux mille couleurs, de beaux échantillons de cet art perdu dont parle Pline : « Ces verres blancs ou imitant le murrhin, l'hyacinthe, le saphir; ces verres de toute couleur, puis les *leucochryses*, traversées par une veine blanche, ayant un reflet de safran, ces verres imitant la pierre de l'Inde, les escarboucles et les jaspes (1). » L'œil est attiré et charmé encore par ces belles irisations que les siècles seuls peuvent produire; on y voit de curieux spécimens de ces oiseaux soufflés dont le tissu de verre est plus mince qu'une feuille de papier, et qui ne pèsent pas une plume ; merveilleux ouvrage des Phéniciens ; car Tyr, après la chute de son grand commerce, eut la même industrie que Venise dans sa décadence.

Dans celle de ces trois armoires qui est la plus voisine du centre, on verra une collection de pierres gra-

---

(1) Pline, *Histoire natur.*, l. xxxvi, ch. 65, 66 et 67, — l. xxxvii, ch. 5, 26, 37 et 44.

vées, puis des pâtes de verre de toute couleur, des fragments de poterie fine d'un art délicat ou d'un caractère archaïque intéressant, et des projectiles pour les frondes, portant des inscriptions. (Il y a dans l'armoire du milieu quelques objets modernes.)

5° *Bronzes.*

(Le Catalogue spécial est fait.)

Dans les trois armoires de gauche sont les bronzes. Nous citerons en première ligne et parmi les objets les plus précieux :

Le *casque légionnaire*, n° 91, le seul qui existe dans cet état de conservation ; — un casque honoraire grec d'un très-beau travail de ciselure.

Un admirable fragment de bronze repoussé, représentant la *Vénus voilée et l'Amour* (dans l'écrin du milieu), n° 75 ;

Des miroirs étrusques et grecs, au nombre de cent cinquante, parmi lesquels on peut citer, pour la beauté des dessins au trait, les n°ˢ 92, 94, 100, 104 et 125. D'autres miroirs, très-rares, sont renfermés dans des boîtes de bronze à charnières, avec des figures en relief. (Voyez les n°ˢ 73, 74, 76, 77, 79, 80.)

Des épingles de cheveux ;

Des objets de toilette :

Des vases de formes élégantes, d'une très-belle conservation et couverts d'une patine verte ou bleu turquoise du plus bel effet.

Nous citerons surtout le n° 89, au milieu de l'armoire sur le gradin du haut.

Des statuettes, et, parmi elles, la très-curieuse *Vénus Astarté des Étrusques* avec l'*Amour*, n° 1; — et une *Vénus Anadyomène* d'un travail beaucoup plus moderne, n° 7.

Deux ou trois bronzes phéniciens, présentant une frappante analogie avec ceux qu'on a trouvés en Sardaigne et qui sont conservés dans le cabinet du roi à Turin (voy. armoire de gauche, les n°ˢ 49 et 63);

Des *ex-voto*;

Des inscriptions, des tessères, des empreintes;

Enfin, l'armoire de droite consacrée aux ustensiles de cuisine des Romains : casseroles, crampons, râpes, balances, broches, etc.; car la collection Campana, comme le Musée de Naples, nous initie à l'antiquité tout entière, depuis ses plus belles productions plastiques jusqu'aux détails les plus humbles de la vie domestique. Ces ustensiles, témoins précieux eux-mêmes de l'élégance qui présidait au foyer, n'ont rien de commun ni de bourgeois, et semblent rehausser la vulgarité des besoins qu'ils servaient et des usages qu'ils rappellent.

Entre les deux armoires adossées au mur de gauche, on voit :

Les *candélabres de bronze* aux pieds élégamment

découpés en rosaces et partagés vers la base en trépieds formés de griffes, nᵒˢ 12 et 18 (l'un est dans l'armoire de droite), ou de panthères élancées, nᵒ 1.

Mais on admirera surtout les belles *cistes* de bronze ou vases fermés, le plus souvent de forme cylindrique, surmontées de figurines faunesques ou d'initiés aux mystères de Bacchus. Cinq de ces cistes proviennent des belles fouilles que le prince Barberini a fait faire à Palestrine (l'ancienne Préneste); elles sont gravées avec une aisance et une élégance de style qu'on ne saurait assez admirer. La plus grande, nᵒ 86, est au moins égale à la fameuse ciste athlétique du Musée Kircher au collége des Jésuites, à Rome, qui représente les Argonautes en Bébrycie (1).

Mais deux de celles que possède maintenant la France sont surtout intéressantes, parce que les sujets qu'elles présentent semblent déterminer l'usage le plus fréquent de ces vases, usage encore mal connu.

L'une nous offre une scène nuptiale, nᵒ 88 : l'époux et l'épouse, la couronne à la main, chacun avec sa suite. Une ciste y est représentée, qui paraît renfermer les présents de noces, ou tout au moins les objets de toilette qui servaient à la femme.

Sur l'autre *ciste*, nᵒ 84, Persée délivre Andromède et Thésée enlève la reine des Amazones, deux scènes allusives au mariage ; ce qui semblerait prouver que

---

(1) *Illustrée* par feu le R. P. Marchi.

ces vases de bronze étaient peut-être des espèces de *corbeilles de noces.*

Une *ciste* plus petite et dont la gravure est plus belle, n° 85, nous raconte, dans un style aussi élégant qu'élevé, l'histoire de Prométhée créant l'homme, lui communiquant la vie du doigt, comme le Dieu de Michel-Ange sur la voûte de la Sixtine, puis la création de Pandore, son arrivée chez Épiméthée; la punition du Titan créateur et sa délivrance par Hercule. Ces explications sont de M. Stromwald.

Mais toutes ces belles œuvres demandent à être étudiées avec calme pour être senties. Elles ne réservent leurs charmes qu'à ceux qui savent les chercher avec patience et amour (1).

6° *Peintures antiques.*

Enfin, les parois du grand salon sont décorées de quarante-cinq morceaux de peintures grecques et romaines, dont la plus moderne a seize cents ans.

Ceux qui n'ont vu ni le Borbonico de Naples, qui renferme des peintures de Pompéi, ni les fragments des bains de Titus, à Rome, lesquels ont, comme on sait, inspiré à Raphaël plus d'un motif de sa décoration des *Loges*, ni les admirables stucs découverts, il y a

(1) Des explications détaillées seront données au Catalogue dû aux soins de MM. Clément et Stromwald.

quatre ans, sur la voie Latine (1), pourront se faire, au musée Napoléon III, une idée très-suffisante de la peinture des anciens, de son caractère et de ses procédés dans ce qu'on peut appeler les sujets historiques ou funéraires, et dans l'ornementation. L'art du dessin, le goût des arrangements, la finesse du pinceau, la vivacité du coloris, se retrouvent dans quelques-uns de ces précieux morceaux.

Nous citerons en première ligne :

Les quatre fragments qui, par leur rapprochement, complètent la figure d'une femme en pied, désignée dans le catalogue Campana sous le nom de *la Primavera* (le Printemps) n° 12, et provenant des fouilles de Tusculum (2). La tête, du caractère le plus élevé, le contact merveilleux de la lumière sur les chairs, qui fait songer à Corrége, sont des mérites qui ne se trouvent surpassés par aucune des plus belles peintures de Rome ou de Pompéi.

Ici, c'est un *Groupe de deux amants*, véritable idylle de Catulle, n° 30, paroi de droite ;

Là, une *Procession d'ombres mystérieuses* se détachant poétiquement sur un ciel crépusculaire, n° 7, paroi du fond (3) ;

(1) Publiés cette année seulement dans les *Annales de l'Institut de correspondance archéologique de Rome*, 1861, avec planches.
(2) Elle est placée derrière le *torse* de marbre pentélique, sur la paroi du fond, en face de l'entrée.
(3) Peinture détachée d'un tombeau grec découvert près de la

Là, sur un fond d'une belle couleur pourpre, une *tête de Méduse*, n° 18, d'un caractère tragique et exécutée avec verve;

Plus loin, un repas funèbre, provenant d'un *columbarium* de la voie Appienne, n° 131 (1);

Enfin, plusieurs figures en pied méritent de fixer l'attention (parois de gauche et de droite), aussi bien qu'une série de motifs variés d'ornementation : griffons, chimères, amours nichés dans des enroulements de pampres, cariatides, treilles, festons, etc.

Nous avons été frappé encore par le mérite d'une *figure assise* (paroi du fond, derrière le torse grec), malheureusement un peu effacée, mais qui, à travers le brouillard du temps, nous laisse voir une expression saisissante, comme celle du remords, et dont la pose est naturelle, le dessin habile et la touche très-fine.

Nous citerons encore un stuc dont les bas-reliefs sont d'une merveilleuse conservation (paroi de la porte d'entrée).

---

porte Latine, et illustré par le P. Secchi, dans une publication à part, avec planches. Rome, 1843.

(1) Illustré par Campana : *Di due sepolcri romani, etc.* Rome, 1852. On appelle *columbarium*, les sépultures communes où étaient déposées les cendres des morts dans de petites niches qui donnaient à ces tombeaux l'aspect de colombiers.

7° *Vases de Canosse* (paroi de la porte d'entrée).

Avant de quitter le salon carré, qui est comme le foyer des richesses du Musée, nous signalerons enfin les beaux vases de Canosse, hérissés de figurines coloriées et répétant la belle tête du Mercure funèbre.

IV

CÉRAMIQUE OU POTERIE ÉTRUSQUE ET GRECQUE.

Salle n° 16.

En sortant du grand salon par la galerie du fond, à gauche, on entre dans les salles consacrées à la céramique étrusque et grecque; 4,500 vases environ remplissent trois galeries.

L'habile collectionneur qui avait réuni tant de trésors attachait un prix tout particulier à cette série, parce qu'elle offrait la suite complète des monuments de la céramique depuis les temps les plus anciens jusqu'à la décadence de l'art ancien en Italie.

Vases noirs.

On voit d'abord dans la salle n° 1, ces fameux vases en terre noire de *Vulci* et de *Chiusi* (l'ancienne Clusium), de formes si étranges et si variées, mais sans peintures et sans inscriptions, et appartenant aux premiers âges de la civilisation étrusque. Les quelques reliefs qu'on y rencontre nous font même penser à l'Asie et (on ose à peine le dire) aux monuments assyriens de la vieille Ninive. Quelques-uns nous donnent des figures hiératiquement grossières qui rappellent peut-être la Phénicie.

Les grandes urnes rouges cannelées et les vases superposés en échafaudages bizarres, sortes de cassolettes gigantesques, sont d'une rareté que leur archaïsme explique et qui en fait le principal intérêt.

Vases de Corinthe.

(Sur la plinthe extérieure du tombeau de Cerveti.)

Mais les morceaux les plus intéressants de la collection sont sans contredit les fameux *vases de Corinthe*, dont il n'existe nulle part ailleurs une semblable réunion. Ils proviennent de cette colonie corinthienne établie dans l'Étrurie méridionale au septième siècle avant notre ère, et d'où descendait Tarquin. Ils nous offrent des scènes de la légende troyenne gravées d'une main naïve au temps même d'Homère, et accompagnées quelquefois d'inscriptions grecques tellement archaïques qu'il n'est pas facile d'y reconnaître les noms de *Priamos*, d'*Hecaba* (Hécube) et d'*Hector*. M. le baron de Witte, le savant céramographe de Bruxelles, qui a bien voulu se charger de dresser le catalogue de cette riche collection, a reconnu et fixé le sens de plusieurs de ces représentations jusqu'alors inexpliquées.

Tombeau trouvé à Cervetri, dit Tombeau lydien.

On a essayé, autant que possible, de reproduire dans le Musée Napoléon III la chambre funéraire telle qu'elle a été trouvée : arrangement d'ensemble, vases bleus et rouges ornementés avec des animaux fantastiques, sépultures cinéraires, accessoires, antéfixes, etc., le tout en place. Mais ce qui fait le grand intérêt de cette chambre, c'est le tombeau principal, tout en terre cuite peinte, et représentant, sur un lit d'un dessin pur et élégant, recouvert d'étoffes précieuses, deux personnages, un homme et une femme de grandeur naturelle, revêtus de riches habits et drapés à mi-corps, tous deux vivants, souriant doucement. Leurs traits, leur coiffure, leurs chaussures, rappellent l'Asie et la civilisation phrygienne la plus caractérisée. On a beaucoup discuté déjà sur l'époque de cette chambre funèbre, depuis bientôt dix ans qu'elle est découverte, et l'on discutera longtemps encore. Les uns, comme M. Brunn, ne veulent pas lui attribuer une antiquité très-reculée (1), d'autres ne veulent pas entendre parler d'un temps plus récent que cinq ou six siècles avant la fondation de Rome.

Ce qui est incontestable, c'est que ce monument, d'une remarquable conservation, ne saurait être postérieur à la ruine de Cære où il a été trouvé, c'est-à-dire au quatrième siècle avant notre ère; qu'il est une révélation du plus haut intérêt sur l'origine de la famille ou de la tribu, venue sans doute par mer et qui s'est fixée en cet endroit; que, si tout respire dans cette chambre une civilisation avancée, on ne saurait méconnaître les traces de son origine; enfin l'absence d'inscriptions semble être un indice de plus en faveur de l'ancienneté du monument. Or, en attendant que les savants se mettent d'accord, ce qui sera chose longue et difficile, l'instinct de la foule ne s'y trompe pas, et la première pensée de tous ceux qui approchent de ces restes uniques, est de se reporter au témoignage du vieil Hérodote :

« Sous le roi Atys, fils de Manès, dit-il, une famine cruelle

---

(1) Son travail vient de paraître dans les *Annales de l'Instit. archéologique de Rome*, année 1861.

dévora la Lydie. Le peuple, pendant longtemps, en prit son parti; mais ensuite, comme elle persistait, il y chercha des adoucissements. Chacun s'ingénia d'une manière ou d'une autre. C'est alors qu'ils inventèrent les dés, les osselets, la balle et tous les autres jeux de même sorte... Grâce à cet expédient, dix-huit années s'écoulèrent; cependant le mal, loin de cesser, s'aggrava. Alors le roi fit du peuple deux parts, puis il tira au sort laquelle resterait, laquelle quitterait la contrée, se déclarant le chef de ceux qui demeureraient, et plaçant à la tête de ceux qui émigreraient son fils Tyrrhénus. Ces derniers se rendirent à Smyrne, construisirent des vaisseaux, y mirent tout ce que requérait une longue navigation, et voguèrent à la recherche d'une terre qui pût les nourrir. Ils côtoyèrent nombre de peuples, et abordèrent enfin en Ombrie (Italie), où ils bâtirent des villes et où ils habitent encore. Ils changèrent leur nom de Lydiens pour prendre celui du fils de leur roi qui avait conduit la colonie, et, depuis lors, on les appelle Tyrrhéniens (1) [ou Étrusques]. »

Il faut examiner avec attention la peinture du fond, qui est certainement la plus ancienne de toutes celles qu'on a trouvées jusqu'à ce jour en Europe. Il ne manquera pas de gens qui entreprendront de l'expliquer, et nous attendons leurs interprétations avec d'autant plus de docilité que nous ne comprenons rien à ce qu'elle représente.

Nota. — *Il faut remarquer que quelques-unes des*

---

(1) Hérodote, l. I, *Clio*, ch. 95.

pièces, exceptionnelles par leur beauté et qui se recommandent à l'attention de tous, ont été exhaussées sur des socles.

Salle n° 18.

SUITE DE LA CÉRAMIQUE. — 2ᵉ TOMBEAU ÉTRUSQUE.

La chambre funéraire reproduite dans cette salle, renferme trois sarcophages étrusques d'une époque plus moderne que le tombeau lydien, mais qui pourraient peut-être remonter jusqu'aux premiers temps de la République romaine.

On y verra avec intérêt les armes déposées sur un lit funèbre en bronze, où le guerrier défunt avait été couché revêtu de son armure entière. On voit encore son crâne engagé dans le casque.

Salle n° 17.

SUITE DE LA CÉRAMIQUE ÉTRUSQUE ET GRECQUE.

Nous ne parlerons pas, comme on pense, des mille peintures figurées sur les vases étrusques et grecs qui peuplent ces trois grandes salles. On peut suivre à la fois, dans les produits des fabriques, — nous devrions dire des écoles — d'Arezzo, de Cumes, de Nole, de Rudiæ (*Ruvo*), de Tarente, les progrès de l'art du dessin et les cycles complets des légendes argonautique, troyenne, thébaine, héracléenne, orestide, perséenne, etc.

Nous signalerons seulement, dans la troisième salle, plus particulièrement réservée à l'art grec, le magnifique *Vase d'Hercule terrassant Antée*, n° 798;

Celui d'*Oreste purifié dans le temple de Delphes par Apollon Daphnéen*, n° 796, pendant que l'ombre de Clytemnestre vient réveiller les Euménides qui s'étaient endormies, comme les remords de la conscience s'endorment dans la prière, suivant les grandes idées morales des vieilles religions grecques (1).

Nous indiquerons encore, comme un chef-d'œuvre de style élégant, le petit vase de Tarente représentant les trois Muses : *Uranie, Calliope* et *Melpomène*;

Et la coupe de *Musée et de Linus*;

Enfin, la belle série de vases signés *Nicosthène*; mais il faudrait citer les beaux dessins par centaines.

BAS-RELIEFS EN TERRES CUITES,
FIGURINES ET RHYTONS.

Salle n° 15.

Revenant sur nos pas vers le salon central, en

---

(1) Illustré par M. le baron de Witte dans les *Annales de l'Institut archéologique de Rome*.

TERRES CUITES. — SALLE 15.

sortant de la salle de la céramique, n° 17, nous arrivons aux terres cuites, collection unique, qui ne compte pas moins de 1,800 objets et comprend des statues, des bustes, des antefixes, des figurines, des sarcophages, des urnes cinéraires, des rhytons ou verres à boire, des lampes et surtout d'admirables bas-reliefs (1) ayant servi, comme nous l'apprennent certains auteurs anciens, à la décoration des portiques et des maisons romaines.

Nous signalerons parmi ces derniers les motifs d'ornementation les plus gracieux et les plus variés : les volutes les plus légères combinées avec des figures de chimères, de griffons, de dieux marins terminés en enlacements d'acanthes ou en dauphins. C'est un vaste répertoire ouvert aux architectes et aux artistes pour la décoration des maisons de luxe.

Les plus beaux bas-reliefs représentent, comme les vases, des scènes homériques. Mais ce qui distingue surtout les représentations plastiques en terre cuite des bas-reliefs de marbre, ce qui leur donne un caractère original très-précieux pour nous, c'est le mouvement et la vie. Les personnages moins solennels, les attitudes plus franches, les compositions plus libres, en faisant descendre l'épopée religieuse dans le foyer domestique, semblent rendre les héros plus familiers ;

(1) Ces derniers ont fait l'objet d'une publication spéciale de Campana, en 2 vol. in-folio, avec planches.

et, sans les dépouiller du plus noble caractère, ils nous les montrent plus vrais, plus vivants ; en un mot, les terres cuites du Musée Napoléon III, à côté de la Procession des Panathénées, par exemple, nous offriraient — si l'on peut employer dans le domaine de l'art des expressions toutes littéraires, — un modèle du *genre simple* à côté du *genre sublime*.

Cette série, la plus instructive de toutes peut-être, est donc la révélation du grand style dans les dimensions restreintes et appliqué à l'ornementation la plus légère et la plus variée. On ne verra pas sans admiration, — en partant de l'angle situé à gauche, en sortant de la salle n° 17 :

Les Corybantes étouffant, par le choc de leurs boucliers, les vagissements de Jupiter, n°s 83, 84 ; — *Persée tenant la tête de Méduse*, n°s 185, 188, 272, *ou délivrant Andromède*, n° 234 ; — *l'Oreste furieux sur l'Omphalos de Delphes*, n°s 172, 232, 251 ; — *le Génie ailé de la Victoire avec le taureau*, n° 216 ; — *Thésée découvrant sous le rocher les armes paternelles*, n° 89, 264, 334, 335, puis *domptant le taureau de Marathon*, n° 105, morceau d'une élégance de style admirable ; — le même héros *enchaînant Sciron*, n° 91, 263, 265, — *désarmant Scinnis et terrassant le Centaure*, n°s 13, 30, 18 ; — *l'Hercule et l'Hydre de Lerne*, n° 110 ; — *l'Hercule arrêtant par les cornes le taureau de Crète*, n°s 107, 109, 111 ; — *l'Hercule étouffant le lion de Némée*, n° 108, com-

position d'une grandeur et d'une puissance saisissantes.
— Vient ensuite le *mariage de Thétys et de Pélée*, n⁰ˢ 266, 268, 298 ; — *Nestor et Machaon*, n⁰ˢ 14, 239 ; — *Ulysse avec les Sirènes*, n⁰ˢ 235, 236, 287, et *Pénélope*, n⁰ 238 ; — les *combats des Griffons* ayant parfois raison des *Arimaspes*, mais toujours domptés par les *Amazones* (nombreux spécimens) ; puis la *lutte de ces dernières contre les héros grecs*; le délicieux relief d'*Hercule et des Heures*, n⁰ˢ 95 et surtout 317, une des plus belles œuvres de la plastique. — L'histoire d'Hélène est aussi racontée en plusieurs tableaux. Il faut la voir légère et joyeuse sous le voile dans le char que conduit *Pâris le ravisseur*, n⁰ˢ 127, 209 ; il faut voir aussi de quelle main nonchalante elle tient les rênes du quadrige qui la ramène à Sparte aux côtés de *Ménélas*, n⁰ˢ 16, 80, 208, 278 et surtout 106. C'est un grand artiste qui a donné le mouvement à ces chevaux. Ce sont bien les coursiers d'Homère. — Nous citerons encore : *Minerve assistant à la construction du premier navire*, n⁰ 247.

C'est ici qu'il faut appeler tous les amis de la belle antiquité et de la grande poésie, tous ceux qui la veulent retrouver conservée dans sa fleur. Quel commentaire de *l'Iliade* et de *l'Odyssée !* Il faudrait parler aussi des beaux reliefs placés le long de la paroi opposée : *Achille soutenant Penthésilée*, n⁰ 2 ; — de ces scènes bachiques où les faunes et les ménades, dans leurs danses enivrantes et légères, semblent s'enlever dans les airs et se détachent sur l'azur du ciel, car la scène est souvent peinte sur le relief (ce sujet est traité un grand nombre de fois : voyez surtout le n° 250). Que dire de ces faunes élancés, vrais coureurs de montagnes, qui foulent la vendange au son de la double flûte• (plusieurs fois représenté, voyez surtout le n° 248), et des mystères bachiques, et de tant de représentations satyriques ou bouffonnes? car Thersite est à côté d'Achille et la Comédie près de la Tragédie. Nous avons là, prises sur le fait, des scènes de Plaute, qui sait? peut-être du vieil Épicharme dont les œuvres sont perdues.

Vitrine et armoires.

Dans la même salle, il faut étudier avec soin la vitrine centrale où se groupent en étages — au-dessous de la fameuse *coupe de Cumes,* aux têtes dorées, aux fleurs coloriées en relief, — un cortége de figurines, de rhytons, de grotesques de mille formes, les uns en hermès du plus beau style (voy. surtout le n° G, 10); les autres, en têtes d'âne, en becs d'oiseau, en canards encadrant dans leurs ailes des Naïades lascives; puis des Bacchus indiens, des Silènes affaissés, des Nègres hideux, des chiens-loups, des grotesques de toute sorte.

Dans l'armoire adossée au salon carré, à côté des élégantes croupes de Nymphes, d'un grand nombre de figurines charmantes et de reliefs de choix, on verra avec curiosité une série de bouffons, acteurs populaires des comédies grecques et latines : le *Dave*, — le *Parasite*, la main à la bouche, — le *Chrémile*, — et, pour l'appeler de son vrai nom, le *Pulcinella* napolitain! Si ce n'est lui, c'est son ancêtre pris sur le vif dans quelque pièce atellane de la vieille Campanie.

On étudiera avec un intérêt particulier les élégantes productions de Toscanella, d'Athènes, d'Ardée surtout, qui sont d'un dessin si fin, et qui portent dans leurs vives arêtes les traces d'une exécution si libre, si vive et si hardie. (La plupart des terres d'Ardée sont reconnaissables aussi à la couleur plus pâle de la pâte ; elles se trouvent presque toutes sur les tablettes adossées au mur de la façade.)

ÉPIGRAPHIE, OU INSCRIPTIONS ANCIENNES.

Salle n° 21.

Cette salle nous offre des monuments funéraires, des inscriptions sur marbre, sur pierre, sur briques. Elles sont au nombre de 800 environ, presque toutes inédites. M. Léon Renier va les publier dans le catalogue spécial de cette série. Quelques-unes sont très-intéressantes par leur simplicité tout archaïque. Il faut signaler surtout une série très-rare de petits *cippes* funéraires en *peperino*, qui remontent à plus d'un siècle avant notre ère.

Une autre collection du plus haut intérêt dans cette série, est celle de 500 briques avec des inscriptions. On sait qu'à partir de l'Empire, la plupart des monuments de Rome furent construits en briques. Ces briques portent en général l'indication du lieu de fabrique, le nom de l'ouvrier et du propriétaire, et très-souvent la date, c'est-à-dire le nom des consuls en charge. On comprend dès lors quel intérêt recommande ces fragments, qui sont des documents chronologiques, et nous révèlent des noms, souvent considérables, de l'aristocratie romaine. (Voy. la *Corresp. littér.*, chronique du n° 6, 25 avril 1862.)

Salle n° 22.

Cette salle présente une suite de bustes, de statues et de bas-reliefs, parmi lesquels nous remarquons :

Un *portrait en pied de César*, n° 111.

Un autre de *Sénèque*, n° 120.

Puis un *Galba*, n° 175 ; — Un *Scipion*, n° 516 ; — une *Naïade*, n° 32 ; — un *Hylas*, n° 64 ; — un *Annius Verus* et un *Néron*, *enfants*, en pied, n°ˢ 133, 138.

Salle nº 23.

On a réuni dans cette salle les moulages en plâtre exécutés sous la direction de M. Félix Ravaisson.

GALERIE DE LA COLONNE TRAJANE.

Salles nºˢ 24-25.

La grande galerie de la façade de l'Est est consacrée à l'exposition des trois cents pièces composant le moulage complet de la colonne Trajane exécuté par ordre de l'Empereur. C'est la première fois qu'on pourra se rendre un compte exact des représentations figurées sur ce monument célèbre; car à Rome même on ne peut étudier que la partie inférieure de la spirale. On aura donc sous les yeux, dans le musée Napoléon III, ces grandes scènes de la guerre de Dacie, qui nous initient aux mille détails de la vie militaire des Romains et des Barbares; qui nous représentent les machines, les costumes, les armes, et même les manœuvres, les campements, les défenses des anciens, etc.

Salles du rez-de-chaussée.

La première salle du bas, au pied de l'escalier Nord-

Est, contient des statues et des bustes intéressants, parmi lesquels il faut citer : Un lion d'un très-beau caractère, au centre; — un *Auguste* en pied, et nu, n° 115 (les jambes appartenaient à une autre statue); — deux *Silènes* couchés, n°s 57 et 58; — un beau buste de *Domitilla*, n° 178, etc.

MISSION DE M. RENAN.

La salle suivante offre l'exposition des objets rapportés de Syrie par M. Renan: sarcophages, bas-reliefs, représentations de toutes sortes, presque toutes religieuses et funèbres, et dont quelques-unes sont les spécimens d'un art indigène,—ces derniers, fort rares; car on voit presque partout, en Phénicie, le reflet de l'Égypte et de la Grèce. (M. Renan a donné un catalogue raisonné de cette série.)

Enfin, la fameuse mosaïque byzantine de 150 mètres carrés, la plus grande qu'on possède en France, étale ses enroulements d'acanthe, d'animaux et ses riches médaillons dont l'ensemble est aussi intéressant pour l'art qu'agréable aux yeux. C'était le pavé d'une église.

Cette mosaïque a été levée en Syrie avec une grande habileté et mise à la place qu'elle occupe, par M. Luigi Taddei, mosaïste romain. Quand elle sera placée définitivement dans le lieu qu'elle doit occuper, les pièces qui la composent seront ajustées, réparées, et recevront ce lustre dont trois morceaux seulement offrent le spécimen.

Les remarquables dessins de la mission de M. Renan ont été exécutés par M. Thobois.

Nous quittons à regret l'antiquité, qui est tout entière dans les galeries de gauche, pour entrer dans celles de droite consacrées aux séries modernes.

(Il faut remonter, traverser les galeries de la Céramique et revenir au salon carré, point de partage de l'antiquité et des arts modernes dont les séries sont à droite.)

SECONDE PARTIE

ARTS MODERNES

MAÏOLIQUES OU FAÏENCES ITALIENNES.

Salle n° 2.

(Le catalogue spécial est publié à la suite de celui de (la Peinture.)

La même pensée qui a réuni les vases et les bijoux antiques a présidé à la formation de la série des maïoliques italiennes. On a voulu grouper ici les éléments d'une histoire complète de l'art.

L'aspect de cette salle est très-séduisant, et tout le monde s'y plaira. L'arrangement en est heureux, et la lumière, tempérée par les toiles, joue avec discrétion sur ces couleurs vives et chatoyantes, aux mille reflets métalliques.

Je ne sais s'il existe ailleurs rien de plus intéressant comme histoire de l'industrie artistique, que la naissance et le développement des fabriques de faïences dans ces petites villes et dans ces villages obscurs de la Romagne.

On connaît bien de nom, Urbino, Pesaro, Faenza; mais qu'est-ce que Gubbio, Castel-Durante, Deruta? Et cependant, ces bourgs modestes ont créé un art et inventé des procédés perdus aujourd'hui et que la chimie moderne, les sciences contemporaines, les établissements subventionnés des grandes capitales, et tant de frais, d'appareils, d'étalage de toute sorte n'ont pu retrouver; ils obtenaient des couleurs et des reflets que nous n'avons plus, et chacun avait son cachet de fabrique, son école distincte et ses artistes, si bien qu'un homme du métier, habile connaisseur, comme les savants MM. Riocreux, de Sèvres, ou Jacquemart, ne confondront pas un plat de Gubbio avec un plat de Deruta, et désigneront du doigt, entre vingt produits de Faenza et d'Urbino, l'inimitable éclat cuivré de Pesaro. (Voy. les n°s 9, 10, 12, 42, etc.)

On reconnaîtra facilement les produits hispano-mauresques des Baléares et les plats arabes de Caltagirone, près de Syracuse, avec leurs reliefs mordorés et leur ornementation orientale. C'est le point de départ de l'art des maïoliques, qui prit bientôt dans le nord de l'Italie, aux quatorzième et quinzième siècles, un développement si imprévu. (Voy. un spécimen de l'art arabe pur, n° 11; les altérations ou imitations espagnoles et siciliennes, n°s 8, 17, 18, 23.)

Chacune de ces écoles de Romagne est largement

représentée dans la collection Campana, et l'on peut en suivre les progrès.

Faenza est la plus difficile à caractériser, à cause de la variété de ses compositions; car elle a imité Urbino et a rivalisé souvent avec Pesaro.

C'est à Gubbio qu'on appliquait ce beau rouge métallique non retrouvé (n°˚ 146, 150, 152, 573, etc.); c'est là qu'était la célèbre officine de Mastro Giorgio Andréoli, dont la collection possède des œuvres nombreuses et dont on admirera les grandes compositions allégoriques. (Voy. l'*Horatius Coclès*, n° 533.)

Urbino se distingua par ses légères arabesques sur fond blanc, par ses admirables portraits accompagnés de légendes amoureuses qui respirent les mœurs galantes du seizième siècle et semblent sortir de la douce palette des peintres d'Ombrie (voyez les n°˚ 231, 233, 239, 240, 241, et surtout les n°˚ 142, 422, 238, 234 et 243); par la belle exécution des plats dits *Alla Raffaella*, parce qu'ils reproduisent les dessins de Raphaël et de Marc-Antoine; enfin par ses grandes compositions. On reconnaîtra, dans un des plus beaux produits de cette fabrique, les *grimpeurs* de Michel-Ange, n° 141. La belle période d'Urbino est celle des frères Fontana.

La fabrique de Castel-Durante a donné de beaux vases et des plats couverts d'élégantes arabesques.

Deruta avait la spécialité des reliefs à miroitement métallique, et l'on en verra deux admirables spécimens : dans le plat qui représente la Vierge à la crèche et les anges, avec la devise : *Gloria in excelsis*, n° 75, — et dans celui qui offre un portrait de femme dans un médaillon bleu entouré de rinceaux en relief, n° 542.

Forli, fabrique inconnue dans les autres collections, est représenté par la belle composition du *Massacre des innocents*, n° 1042.

Viennent ensuite, à une certaine distance des officines de la Romagne, les écoles de Savone ou de Gênes avec leurs plats bleus ; de Venise, aux dessins corrects, mais froids, pâles et pauvres de couleurs. On en possède des vases élégants, n°s 602 et 603, et un Neptune magistral sur un plat en forme de coquille, n° 514. Enfin les écoles lointaines des Grue à Castelli, dans le royaume de Naples, offrent de grands sujets militaires finement ornementés dans le goût du dix-septième siècle, avec des dorures ; n°s 610 et 614.

Mais parmi les pièces capitales, nous citerons, outre les morceaux déjà mentionnés :

Deux plats à fonds bleus ornementés dans le plus beau style de la Renaissance, et faciles à reconnaître par l'ambitieuse surcharge des encadrements que Campana leur avait donnés, n°s 616 et 620 ;

La jolie composition de la *Chasteté de Joseph*, avec la variante de Putiphar apparaissant au fond de l'alcôve, n° 115 ;

Le beau plat du banquet offert au peuple romain en

1514, peinture harmonieuse et douce, attribuée au célèbre Horace Fontana d'Urbin, n° 376 ; — auquel on donne en partie les peintures des vases de la pharmacie de Lorète ;

La *Cène*, d'après Raphaël, peinture bleue, n° 534 ;

Les compositions de Mastro Giorgio ; — *l'Enlèvement d'Hélène*, de Fr. Xanto, n° 535 ; — le même sujet, composition de Raphaël, n° 539.

Voyez, pour leurs reflets métalliques, les n°ˢ 384, 571, 358, etc.

Les Chevaliers portant des bannières (dessin de Mantegna), n° 355 ; — et beaucoup d'autres signés Mastro Prestino, Giorgio Pichi, Alfonso Patanazzi, Lafreri de Deruta, Ippolito Rombariotti, etc. (1).

STATUAIRE ET TERRES CUITES
DE LA RENAISSANCE.

(Catalogue publié à la suite de celui de la Peinture.)

Salle n° 1.

La salle parallèle à celle des maïoliques est consacrée aux rares produits de la statuaire de la Renaissance.

---

(1) Pour connaître et apprécier ces écoles et se mettre en peu de temps en état d'en distinguer les produits, il n'est pas de meilleur ouvrage que les *Tre libri del l'arte del Vasajo*, par le chevalier Piccolpasso, Rome. — Voyez aussi *l'Histoire de la Porcelaine*, par MM. Jacquemart et Le Blant.

On y distingue un bas-relief en marbre, morceau capital de Donatello ou de Rosellino, et représentant la *Vierge et l'Enfant Jésus debout*, n° 27. La douce gravité des figures, le soin, l'amour même avec lequel les moindres accessoires sont traités, n'empêcheront pas de lui préférer peut-être une autre *Vierge*, à droite, encadrée dans un fond très-ornementé, et qui est certainement l'œuvre de Mino de Fiesole, n° 24.

On possède plusieurs belles sculptures en faïence de Luca della Robbia, n°s 34, 37, 38, etc.—Une grande composition : *Jésus au jardin des Oliviers avec ses apôtres endormis* (faïence coloriée, têtes sans émail) doit être attribuée à Verrochio, n° 29.

Mais nous voulons signaler quatre morceaux du plus haut intérêt : c'est une *Vierge en terre rouge*, n° 14, relief plein, malheureusement mal conservé, mais qui porte écrit, dans sa tournure originale et sa physionomie si vraie, le *faire* de Donatello.

Un petit bas-relief en terre cuite, représentant la *Vierge et quatre saints*, œuvre incontestable de Ghiberti, n° 6, et dans laquelle on reconnaîtra l'art de composition et les procédés d'exécution (pour les reliefs plats et les rondes-bosses) qui se rencontrent au célèbre Baptistère de Florence.

Une autre terre cuite, de même dimension, et représentant la *Vierge et les anges*, n° 7, a la tournure élégante et naturelle qui recommande les fameux

Choristes des Offices de Florence, et est due à l'ébauchoir de Luca della Robbia.

Enfin, la perle de cette série est un bas-relief en marbre, qui n'est qu'une esquisse, il est vrai, mais une esquisse sortie du ciseau le plus puissant et le plus original des temps modernes; c'est la *Vierge assise avec l'Enfant Jésus, un ange relevant la draperie*, et, dans le fond, ébauchée comme au crayon, la *tête de saint Joseph*, n° 81. Personne ne s'y méprendra, Michel-Ange seul a pu entamer le marbre avec cette audace et cette *maestria*. La fierté de l'exécution et la sûreté de la main font de cette esquisse une œuvre incomparable, tout empreinte du génie du maître.

PEINTURE.

(*Le Catalogue est publié.*)

La série des peintures modernes devra être l'objet d'une attention très-sérieuse de la part du public qui dédaigne encore, chez nous, les grands maîtres du quatorzième et du quinzième siècle, parce qu'il n'a pas appris à les connaître; or, ils sont à la peinture du temps de Raphaël et de Léonard ce que sont nos chroniqueurs et nos écrivains du temps de Philippe-le-Bel, de Louis XI et de François Ier, à ceux de Louis XIV. Moins de perfection assurément, mais plus de séve, d'originalité, de sentiment, de poésie — et de vrai style souvent.

Car c'est le grand style qu'il faut apprendre à discerner sous la sécheresse et l'imperfection des *primitifs*. Une fois l'œil habitué à cette absence de charme pittoresque, à cette roideur de dessin, à cette ignorance de la perspective, on ne tardera pas à comprendre et à admirer le sentiment religieux qui soutient, inspire et féconde les compositions de ces écoles sérieuses où tout était foi et amour, et qui parlent avec le pinceau la langue des saint François, des saint Bonaventure et des saint Thomas d'Aquin. C'est la même croyance naïve, le même tour d'esprit et les mêmes conceptions qu'on retrouve, par exemple, dans *les Méditations de saint Bonaventure sur la vie de Jésus-Christ*. (Traduct. de M. H. de Riancey.)

Or, la collection des primitifs du Musée Napoléon III, très-complète, nous offre, pour la première fois en France, une suite chronologique presque sans lacune et composée des plus beaux spécimens. Parcourons rapidement cette série en indiquant ce qui nous a le plus frappé.

Salle n° 3.

Dans cette salle, on distinguera *le saint Christophe* de Cimabue (1), n° 27, peint à l'encaustique sur un mur

---

(1) Mort vers 1300.

de sa maison même et enlevé avec soin. C'est une des œuvres les plus intéressantes de la collection par son authenticité, les grandes qualités du maître qui a décoré de sa main puissante la voûte de l'église Saint-François, à Assise : majesté sévère, grandeur sereine, sentiment religieux, se retrouvent dans la tête paternelle et douce du saint Christophe.

La *Vierge* de Giotto (1), entourée des anges, n° 35, fait penser aux peintures de la chapelle Saint-François et à l'*Arena* de Padoue.

La jolie *Vierge* d'Orcagna, n° 108, atteste un véritable progrès dans les procédés (2).

Il faut étudier l'*Incoronata* de Spinello (3).

Le tableau mystique du *Calvaire*, qui n'a pas de nom d'auteur et porte le n° 149. La composition, l'entente du sujet, l'expression du saint Jean, la belle ordonnance des draperies, la franchise de la lumière, recommandent cette œuvre inconnue.

L'exécution ferme et habile du pape figuré sous le n° 34, est d'un art beaucoup plus avancé (Ecole d'Orcagna).

---

(1) Mort vers 1333.
(2) Mort vers 1390.
(3) Mort vers 1400.

Salle n° 4.

La salle voisine, n° 4, nous offre, sous le n° 106, une composition capitale et très-rare d'Antonio Veneziano (1) ;

Et une charmante *Annonciation* de Memmi, n° 135, qui réunit les deux mérites qu'on ne retrouve plus et qu'on n'imite pas aux grandes époques : la naïveté et la candeur (2).

Salle n° 5.

Dans la salle n° 5, une des plus riches de la galerie, nous sommes attirés par la série de Sano de Pérouse : cinq sujets religieux, n° 213, d'une conservation exceptionnelle.

Une *Annonciation mystique* de Benozzo Gozzoli, n° 163, donnera à ceux qui n'ont pas vu les vingt-trois grandes compositions de ce maître au Campo Santo de Pise, une idée satisfaisante de sa manière. L'ange est une des belles figures qui soient sorties de son pinceau.

Le *même sujet*, traité par Bonfili, n° 377, est plus rare encore ; car on ne possède guère de ce maître que

---

(1) Mort vers 1383.
(2) Mort vers 1346.

les fresques de Pérouse. Les teintes plates et la sécheresse des fonds ne doivent pas nous faire méconnaître le grand caractère des figures et la gravité sérieuse et convaincue de la Vierge.

Le morceau capital de cette salle est le Fra Angelico, n° 155. Il a été acheté à San Girolamo près Fiesole, par Campana, et il porte encore les armes de Côme de Médicis. C'est une des œuvres les plus considérables du *doux maître* après les fresques du couvent de Saint-Marc à Florence. L'ordonnance de la composition principale est remarquable. Mais c'est dans les petits sujets, si finement traités, sur le *gradino* ou la prédelle, qu'on pourra étudier la plus délicate manière de Fiesole (1).

Deux très-rares tableaux représentant *saint Jérôme*, n°s 185 et 266, d'Andrea del Castagno, offrent les grandes qualités de ce peintre original, d'un caractère si énergique, dont les fonds rappellent les Flamands et dont la couleur annonce la grande école de Venise (2).

L'*Histoire de la Suzanne*, n°s 358-359, est une des compositions les plus naïves et les plus curieuses de cette salle.

(1) Mort en 1458.
(2) Mort en 1480.

Salle n° 6.

Dans la salle parallèle, il faut s'arrêter devant les Crivelli, Vénitiens primitifs (portraits de *saints* et de *saintes*), — et surtout devant *les Gens d'armes* de Paolo Uccello (1), n° 166, tableau très-curieux pour l'archéologue, auquel il livre les costumes militaires si bizarres de la Romagne au quinzième siècle ; pour l'artiste, par le ton harmonieux des couleurs et la *maestria* qui paraît surtout dans la figure principale.

Salle n° 7.

La salle n° 7 nous présente une *Vierge avec les anges et saint Joseph*, de Verrochio, n° 223, ancêtre artistique de Léonard, et chez lequel il n'est pas impossible de découvrir le germe de quelques-unes de ses incomparables qualités.

La *Vierge* de Botticelli (2), n° 225, nous attire par son expression candide et sa grâce mélancolique.

La composition originale de sa *Vénus*, assise dans un parterre, entourée des amours et adossée à une balustrade, est une œuvre bizarre d'arrangement, mais d'un style remarquable.

---

(1) Mort en 1472.
(2) Mort au commencement du seizième siècle.

Une grande composition de Luca Signorelli (1) occupe le centre de la paroi principale : c'est une *Adoration des Mages* avec des fonds remplis de personnages formant cortége. La noblesse des figures, l'élégance des poses, l'éclat de la couleur, font de cette œuvre une des plus précieuses de la collection, n° 245.

L'expression de charmante mélancolie empreinte dans les têtes de Botticelli lui a fait attribuer une belle *Vierge*, n° 238, qui doit être de Filippino, son élève.

On possède, entre autres ouvrages du grand Fra Lippi (2), une *Vierge* remarquable, n° 202.

Le *Noli me tangere*, de Lorenzo di Credi (3), n° 242, peut bien passer pour son chef-d'œuvre. Cet admirable tableau, traité avec un soin infini, a toutes les qualités de celui du Louvre sans avoir ses défauts. Si l'on ignorait l'intimité de Lorenzo di Credi avec Léonard, on la supposerait facilement en voyant cette œuvre merveilleuse, un des plus précieux morceaux du Musée Napoléon III.

Un tableau capital pour le style et les expressions religieuses et mystiques, c'est la *Vierge, saint Jean-Baptiste, saint Augustin, saint François et saint Antoine*, n° 203. Le savant auxiliaire de M. Cornu, M. Clément,— qui a étudié les peintres primitifs à leur

---

(1) Mort au commencement du seizième siècle.
(2) Mort en 1469.
(3) Mort après Raphaël.

sourcé, et s'est fait connaître dans la critique contemporaine par une excellente étude des trois grands maîtres italiens, Léonard, Raphaël et Michel-Ange, — attribue ce tableau à Domenico Veneziano.

Rien n'égale la grâce, le charme candide de la *Vierge aux enfants*, par Ghirlandajo, n° 257, et nous ne craignons pas de dire qu'il n'a rien fait de plus agréable comme dessin et de plus pur comme sentiment.

Salle n° 8.

Dans la salle n° 8, nous trouvons quatorze portraits d'un faire serré et large tout à la fois, d'un pinceau vigoureux et fin, d'une grande originalité, qui semblent même s'écarter de la manière italienne et se rapprocher de l'école d'Albert Durer, n°s 380-393.

L'artiste en a laissé vingt-huit qui décoraient jadis la bibliothèque d'Urbin. Les Barberini et les Sciarra Colonna héritèrent de cette collection. Chacune des familles en prit la moitié. Les Barberini possèdent encore les leurs. Les quatorze tableaux appartenant à la galerie Colonna Sciarra furent acquis par Campana. On les attribue à Melozzo de Forli, dont le nom mériterait alors d'être plus connu.

Il faut étudier dans la même salle deux jolis tableaux de Pinturicchio, l'auteur des fresques de Sienne : le *Jugement de Suzanne* et le *Jugement de Salomon*, n°s 409, 410.

Deux beaux portraits du même : *saint Léonard* et *saint Jacques*, n° 413.

Et une jolie *Vierge*, n° 402.

On voit encore dans cette salle deux tableaux du Pérugin : une *Vierge*, n° 411.

La *Barque de Jésus et saint Pierre marchant sur les eaux*, grande composition, n° 399.

Un charmant *Portrait de Raphaël enfant*, par son père, n° 398.

Enfin une *Vierge de Raphaël*, faite à l'âge de seize ans, qui est la perle la plus rare de l'écrin (cadre ancien sur fond de velours).

ÉCOLES MODERNES.

Dans les salles suivantes nous trouvons de belles œuvres des peintres du seizième siècle ; mais c'est à proprement parler une autre série, qui commence déjà, après Pérugin, Pinturicchio et Ghirlandajo.

Salle n° 9.

Nous nous contenterons de mentionner dans la salle n° 9 une belle esquisse de Vierge, par Fra Bartolomeo, n° 474 ; — un Christ de couleur vénitienne, manière de Bonifazio, n° 510 ; — trois gouaches très-rares de Baldazzare Peruzzi ; — deux moines, n°s 547 et 512, dont l'un est d'Augustin Carrache;— l'admirable sainte Catherine d'André del Sarte, une des plus belles œuvres de ce maître, n° 466 ; — une jolie Vierge d'un élève peu connu de Raphaël, André de Salerne, n° 459 ; — une merveilleuse esquisse faite par le Corrége de son tableau du Martyre de saint Placide et de sainte Flavie, n° 525, que l'on voit au musée de Parme ; — un gracieux portrait d'André del Sarte par lui-même, n° 463 ; — une remarquable copie de la Vierge au Rocher de Léonard, précieuse en ce qu'elle donne les tons disparus de l'original; n° 519.

Salle n° 10.

La salle n° 10 renferme un magnifique portrait de Francia, par lui-même (*signé*), — et une Vierge du même ; — un portrait de Titien, n° 500 ; — deux tableaux de Santa Croce, n°s 290 et 291 ; — un Carpaccio, très-bien conservé, n° 470 ; — une charmante Vierge d'Andrea Salaï, élève de Léonard, n° 522 ; — un Guerrier, donné à Titien, n° 501 ; une Adoration mystique de Bramantino, autre élève de Léonard, n° 309 ; — une précieuse Vierge de Sodoma, n° 485 ; — un curieux tableau de l'Adoration des Mages en costumes d'Henri III, par Dosso Dossi, n° 302 ; — une Cléopâtre de Cesare da Sesto, élève de Léonard, dont les œuvres sont si rares, n° 521 ; enfin un Cima da Conegliano, signé, n° 280, — et un Tintoret.

Salle n° 11.

La salle n° 11 nous montre un charmant Paysage de Claude Lorrain : *l'Aube*, plein de poésie et de fraîcheur matinale, n° 628 ; — une sainte Catherine de Sienne, donnée à Zurbaran ; — trois vierges de Sassoferrato, n°s 540, 537, 539 ; — un beau portrait en pied d'un maréchal français du temps de Louis XIII ; — un Cigoli et des Carlo Dolci, n°s 494, 495.

Salle n° 12.

La salle n° 12 offre des tableaux attribués à Rubens et de très-belles gouaches de la campagne romaine, par Guaspre Poussin.

APPENDICE A LA PARTIE ANTIQUE

APPENDICE A LA PARTIE ANTIQUE

MISSIONS D'ASIE-MINEURE ET DE MACÉDOINE.

A l'extrémité de cette galerie moderne s'ouvre un autre sanctuaire de l'antiquité qui appartient à MM. Heuzey et Daumet,—Perrot, Guillaume et Delbet.

Les premiers ont disposé dans une enceinte circulaire, la *restitution* architecturale, dans sa grandeur originale, du tombeau grec qu'ils ont découvert à Pydna, en Macédoine, — et ont disposé autour les précieux fragments qu'ils ont rapportés de ce pays, spécimens intéressants de l'art grec à différentes époques.

On verra surtout, dans cette enceinte, des monuments grecs archaïques, d'autres d'un art merveilleux, provenant surtout des fouilles de Pydna, de Palatitza, de Durazzo, d'Apollonie et de Pharsale.

Les dessins et les plans sont de M. Daumet, l'auteur de l'admirable restitution *artistique* et *archéologique* de la *Villa Hadriana*, près Tivoli.

M. Guillaume, ancien élève de Rome, comme M. Daumet, et dont le public a apprécié la merveilleuse restitution du *théâtre antique de Vérone* à la dernière Exposition des envois de l'Académie de France, a reproduit dans la grandeur de l'original les murs d'Angora, où ont été découvertes par M. Perrot treize colonnes du texte grec de la fameuse inscription du testament d'Auguste. Les dessins et les photographies des pays explorés et des monuments reconnus en Asie-Mineure par le jeune savant et le jeune artiste, sont exposés sur les parois de la salle.

La découverte de M. Perrot est de la plus haute importance pour l'histoire, et ce magnifique testament d'Auguste, dont Hamilton avait rapporté cinq colonnes seulement, se trouve aujourd'hui complet, grâce à la copie de la traduction latine que MM. Perrot et Guillaume ont relevée avec plus de soin que leurs devanciers, et qui permet de combler les quelques lacunes du texte grec.

Les photographies des monuments les plus intéressants de l'Asie-Mineure, que les jeunes voyageurs ont jugé les plus dignes d'être reproduits, ont été exécutées par M. Delbet, qui faisait partie de la mission impériale.

CONCLUSION

CONCLUSION

On voit par le rapide examen qui précède, quelle est la pensée qui a présidé à la formation et à l'accroissement de cette merveilleuse collection dont l'Empereur a doté la France. Elle ressortira de plus en plus nettement de l'étude attentive qu'on en fera. C'est donc pour les fruits qu'en peuvent tirer la science, l'art et l'histoire, que nous répétons ici le vœu que nous avons exprimé en commençant, — de voir conserver réunies les richesses de ces séries, dont l'ensemble même fait l'intérêt tout spécial et rehausse la valeur artistique du Musée Napoléon III.

CATALOGUE
DE
MICHEL LÉVY
FRÈRES
LIBRAIRES-ÉDITEURS
ET DE
LA LIBRAIRIE NOUVELLE

PREMIÈRE PARTIE

Nouveaux ouvrages en vente. — Ouvrages divers, format in-8°
Bibliothèque contemporaine, format grand in-18. — Bibliothèque nouvelle.
Œuvres complètes de Balzac. — Collection Michel Lévy, format gr. in-18
Bibliothèque des Voyageurs, in-32. — Collection Hetzel et Lévy, in-32
Ouvrages illustrés. — Musée littéraire contemporain, in-4°
Brochures diverses. — Ouvrages divers

RUE VIVIENNE, 2 BIS
ET BOULEVARD DES ITALIENS, 15
PARIS

—

JUIN — 1862

NOUVEAUX OUVRAGES EN VENTE

Format in-8°

F. GUIZOT   fr. c.
MÉMOIRES POUR SERVIR A L'HISTOIRE
DE MON TEMPS, tome V. — 1 vol. 7 50
WILLIAM PITT ET SON TEMPS, par lord
Stanhope, traduit de l'anglais,
avec une introduction. — 2 vol. . 12 »

J. B. BIOT
de l'Institut
ÉTUDES SUR L'ASTRONOMIE INDIENNE
ET SUR L'ASTRONOMIE CHINOISE.
— 1 vol. avec 2 cartes. 7 50

LE Cte A. DE GASPARIN
L'AMÉRIQUE DEVANT L'EUROPE, Principes et Intérêts. — 1 vol. . . . 6 »

J. AUTRAN
LE POÈME DES BEAUX JOURS. — 1 vol. 5 »

EDGAR QUINET
HISTOIRE DE LA CAMPAGNE DE 1815.
— 1 vol. avec une carte. 7 50

PRÉVOST-PARADOL
NOUVEAUX ESSAIS DE POLITIQUE ET
DE LITTÉRATURE. — 1 vol. . . . 7 50

DUVERGIER DE HAURANNE
HISTOIRE DU GOUVERNEMENT PARLE-
MENTAIRE EN FRANCE (1814-1848).
— Tome V. 1 vol. 7 50

CHARLES LAMBERT
LE SYSTÈME DU MONDE MORAL. — 1 vol. 7 50

J. SALVADOR
HISTOIRE DES INSTITUTIONS DE MOÏSE
ET DU PEUPLE HÉBREU. — 2e édit.,
revue et augmentée d'une introduction. — 2 vol. . . . . 15 »

L'AUTEUR
des Souvenirs de Mme Récamier.
COPPET ET WEIMAR. — MADAME DE
STAËL ET LA GRANDE DUCHESSE
LOUISE. — Récits et Correspon-
dances. — 1 vol. 7 50

LOUIS REYBAUD
ÉCONOMISTES MODERNES : Cobden. —
Bastiat. — Michel Chevalier — John
Stuart Mill. — Léon Faucher. —
Rossi. — 1 vol. 7 50

J. J. AMPÈRE
de l'Institut
L'HISTOIRE ROMAINE A ROME. — 2 vol.
avec des plans topographiques de
Rome à diverses époques. . . . 15 »

MORTIMER-TERNAUX
HISTOIRE DE LA TERREUR, 1792-1794,
d'après des documents authentiques
et inédits. Tomes I et II. — 1 vol. 12 »

LOUIS DE VIEL-CASTEL
HISTOIRE DE LA RESTAURATION. —
Tome V. — 1 vol. . . . . 6 »

Format gr. in-18 à 3 fr. le vol.

AUGUSTE MAQUET   vol.
LES VERTES-FEUILLES 1

St-RENÉ TAILLANDIER
LA COMTESSE D'ALBANY. 1

JULES GÉRARD
le Tueur de lions
VOYAGES ET CHASSES DANS L'HIMALAYA. 1

EL. DUFOUR
LES GRIMPEURS DES ALPES. — Peaks,
Passes and glaciers. — Traduction. 1

MAX VALREY
CES PAUVRES FEMMES! 1

CH. MAGNIN
HISTOIRE DES MARIONNETTES EN EU-
ROPE DEPUIS L'ANTIQUITÉ JUSQU'A
NOS JOURS. 2e éd., revue et corrigée. 1

A. DE PONTMARTIN
LES JEUDIS DE Mme CHARBONNEAU. —
2e édition. 1

CHARLES HUGO
UNE FAMILLE TRAGIQUE. 1

ALFRED ASSOLLANT
D'HEURE EN HEURE. 1

PRÉVOST-PARADOL
QUELQUES PAGES D'HISTOIRE CONTEMPO-
RAINES. — Lettres politiques. . . 1

UN INCONNU
MONSIEUR X ET MADAME ***. . . . 1

ROGER DE BEAUVOIR
LES MEILLEURS FRUITS DE MON PANIER. 1

CHARLES EDMOND
SOUVENIRS D'UN DÉPAYSÉ. 1

H. BLAZE DE BURY
LE CHEVALIER DE CHAZOT, Mémoires
du temps de Frédéric-le-Grand. . 1

BIBLIOTHÈQUE NOUVELLE

Format gr. in-18, à 2 fr. le vol.

JULES NORIAC
LE 101e RÉGIMENT. — *Nouv. édition*. 1
LA BÊTISE HUMAINE. — *Nouv. édition* 1

VICTORIEN SARDOU
LA PERLE NOIRE, roman. 1

MAXIME DUCAMP
L'HOMME AU BRACELET D'OR. . . . 1
LE CHEVALIER DU CŒUR SAIGNANT. 1

AUGUSTE MAQUET   vol.
DETTES DE CŒUR. — *Nouv. édition*. 1

ROGER DE BEAUVOIR
LES ŒUFS DE PÂQUES. 1

AMÉDÉE ACHARD
BELLE-ROSE. — *Nouvelle édition*. . 1
NELLY. 1

OUVRAGES DIVERS
Format in-8

EDMOND ABOUT — fr. c.
LA QUESTION ROMAINE. — 2e Édition, revue et corrigée, augmentée d'une nouvelle préface. 1 vol. . 5 »
ROME CONTEMPORAINE. — 3e édition. — 1 vol. . . . . 5 »

J. J. AMPÈRE
de l'Académie française
CÉSAR, scènes historiques. 1 vol. . . 7 50
L'HISTOIRE ROMAINE A ROME, avec des plans topographiques de Rome à diverses époques. — 2 vol. . . 15 »
PROMENADE EN AMÉRIQUE. — États-Unis. — Cuba. — Mexique. — 3e édition. — 2 vol. . . . . 12 »

***
MADAME LA DUCHESSE D'ORLÉANS, HÉLÈNE DE MECKLEMBOURG-SCHWERIN. 6e édition. 1 vol. . . 6 »

***
ALÉSIA, Étude sur la septième campagne de César en Gaule. Avec deux cartes (Alise et Alaise). — 1 vol. . . . . 6 »

***
LES TRAITÉS DE 1815. — 1 vol. . . 2 »

AUTRAN
LE POÈME DES BEAUX JOURS. — 1 vol. 5 »

J. BARTHÉLEMY SAINT-HILAIRE
LETTRES SUR L'ÉGYPTE. 1 vol. . . 7 50

L. BAUDENS
Inspecteur, membre du Conseil de santé des armées de terre et de mer.
LA GUERRE DE CRIMÉE. — Les campements, les abris, les ambulances, les hôpitaux, etc. — 1 vol. . . . 6 »

IS. BÉDARRIDE
LES JUIFS EN FRANCE, EN ITALIE ET EN ESPAGNE, recherches sur leur état depuis leur dispersion jusqu'à nos jours, sous le rapport de la législation, de la littérature et du commerce. — 2e édition, revue et corrigée. — 1 vol. 7 50

LA PRINCESSE DE BELGIOJOSO
ASIE MINEURE ET SYRIE. Souvenirs de Voyages. 1 vol. 7 50
HISTOIRE DE LA MAISON DE SAVOIE. 1 vol. 7 50

J.-B. BIOT
Membre de l'Académie des Sciences et de l'Académie française
ÉTUDES SUR L'ASTRONOMIE INDIENNE ET SUR L'ASTRONOMIE CHINOISE. 1 v. 7 50
MÉLANGES SCIENTIFIQUES ET LITTÉRAIRES. — 3 vol. 22 50

LE PRINCE A. DE BROGLIE
de l'Académie française
QUESTIONS DE RELIGION ET D'HISTOIRE. — 2 vol. . . . . 15 »

CAMOIN DE VENCE — fr. c.
MAGISTRATURE FRANÇAISE, son action et son influence sur l'état de la Société aux diverses époques. 1 vol. 6 »

AUGUSTE CARLIER
DE L'ESCLAVAGE dans ses rapports avec l'Union américaine. — 1 vol. 6 »

VICTOR COUSIN
de l'Académie française
PHILOSOPHIE DE KANT. — 1 vol. . 5 »
PHILOSOPHIE ÉCOSSAISE. — 1 vol. 5 »
PHILOSOPHIE SENSUALISTE. — 1 vol. 5 »

J. CRÉTINEAU-JOLY
LE PAPE CLÉMENT XIV, seconde et dernière lettre au père Theiner. 1 v. 3 »

A. BEN-BARUCH CRÉHANGE
LES PSAUMES, traduct. nouv. 1 vol. 10 »

LE GÉNÉRAL E. DAUMAS
LE GRAND DÉSERT, Itinéraire d'une Caravane du Sahara au pays des Nègres (royaume de Haoussa), suivi d'un Vocabulaire d'histoire naturelle et du rode de l'esclavage chez les musulmans, avec une carte coloriée. *Nouvelle édition.* 1 vol. 6 »

Mme DU DEFFAND
CORRESPONDANCE INÉDITE AVEC LA DUCHESSE DE CHOISEUL ET L'ABBÉ BARTHÉLEMY, précédée d'une introduction par M. de Sainte-Aulaire. — 2 vol. . . . . 15 »

CH. DESMAZE
LE PARLEMENT DE PARIS. 1 vol. . 5 »

CAMILLE DOUCET
COMÉDIES EN VERS. — 2 vol. . . 12 »

MAXIME DUCAMP
LES CONVICTIONS. — 1 vol. . . . 5 »

DUVERGIER DE HAURANNE
HISTOIRE DU GOUVERNEMENT PARLEMENTAIRE EN FRANCE (1814-1848), précédée d'une introduction. 5 vol. 37 50
TOME VI (Sous presse). 1 vol. . . 7 50

LE BARON ERNOUF
HISTOIRE DE LA DERNIÈRE CAPITULATION DE PARIS. — Évenements de 1815. — Rédigée sur des documents entièrement inédits. 1 vol. 6 »

LE PRINCE EUGÈNE
MÉMOIRES ET CORRESPONDANCE POLITIQUE ET MILITAIRE, publiés, annotés et mis en ordre par A. Du Casse. 10 vol. . . . . 60 »

XAVIER EYMA
LA RÉPUBLIQUE AMÉRICAINE. Ses Institutions. — Ses Hommes. — 2 vol. 12 »
LES TRENTE-QUATRE ÉTOILES DE L'UNION AMÉRICAINE. — Histoire des états et des territoires. — 2 vol. 12 »

J. FERRARI
HISTOIRE DE LA RAISON D'ÉTAT. 1 v. 7 50

AD. FRANCK
Membre de l'Institut.

	fr. c.
ÉTUDES ORIENTALES. — 1 vol.	7 50

LE COMTE DE FORBIN
CHARLES BARIMORE. — *Nouvelle édition.* — 1 vol.	3 »

LE Cte AGÉNOR DE GASPARIN
Ancien Député

L'AMÉRIQUE DEVANT L'EUROPE, principes et intérêts. — 1 vol.	6 »
UN GRAND PEUPLE QUI SE RELÈVE ; LES ÉTATS-UNIS EN 1861. — 1 vol.	5 »

ERNEST GERVAIS
LES CROISADES DE SAINT LOUIS. 1 vol.	6 »

ÉMILE DE GIRARDIN
QUESTIONS DE MON TEMPS. — 12 vol.	72 »

ÉDOUARD GOURDON
HISTOIRE DU CONGRÈS DE PARIS. 1 vol.	5 »

ERNEST GRANDIDIER
VOYAGE DANS L'AMÉRIQUE DU SUD. — Pérou et Bolivie. — 1 vol.	5 »

F. GUIZOT
LA CHINE ET LE JAPON, mission du comte d'Elgin pendant les années 1857, 1858 et 1859, racontée par *Laurence Oliphant*. Traduction nouvelle, précédée d'une introduction. — 2 vol.	12 »
L'ÉGLISE ET LA SOCIÉTÉ CHRÉTIENNES EN 1861. — 3e *édition*. — 1 vol.	5 »
HISTOIRE DE LA FONDATION DE LA RÉPUBLIQUE DES PROVINCES-UNIES, par J. *Lothrop Motley*, trad. nouvelle, précédée d'une grande introduction (l'Espagne et les Pays-Bas aux XVIe et XIXe siècles). — 4 vol.	24 »
HISTOIRE PARLEMENTAIRE DE FRANCE, collection complète des discours de M. Guizot dans les chambres de 1819 à 1848, précédée d'une introduction formant le complément des mémoires pour servir à l'histoire de mon temps (*sous presse*). — 4 vol.	30 »
MÉMOIRES pour servir à l'histoire de mon temps. — 2e *édition*.	37 50
TOME VI (*sous presse*). 1 vol.	7 50
TROIS ROIS, TROIS PEUPLES ET TROIS SIÈCLES (*sous presse*). 1 vol.	7 50
WILLIAM PITT ET SON TEMPS, par *lord Stanhope*, traduction précédée d'une introduction. — Tom. I et II. — 2 vol.	12 »

LE COMTE D'HAUSSONVILLE
HISTOIRE DE LA POLITIQUE EXTÉRIEURE DU GOUVERNEMENT FRANÇAIS ; 1830-1848, avec documents, notes et pièces justificatives. 2 vol.	12 »
HISTOIRE DE LA RÉUNION DE LA LORRAINE A LA FRANCE, avec notes, pièces justificatives et documents entièrement inédits. 4 vol.	30 »

ROBERT HOUDIN
	fr. c.
LES TRICHERIES DES GRECS DÉVOILÉES. — 1 vol.	5 »

VICTOR HUGO
LES CONTEMPLATIONS, 4e *éd.* 2 vol.	12 »
LA LÉGENDE DES SIÈCLES. — 2e *édition*. — 2 vol.	15 »

JULES JANIN
LES GAITÉS CHAMPÊTRES. 2 vol.	12 »
LA RELIGIEUSE DE TOULOUSE. 2 vol.	12 »

ALPHONSE JOBEZ
LA FEMME ET L'ENFANT, OU MISÈRE ENTRAINE OPPRESSION. 1 vol.	5 »

***
ÉTUDES SUR LA MARINE : L'escadre de la Méditerranée. — La Question chinoise. — La Marine à vapeur dans les guerres continentales. — 1 vol.	7 50

LAMARTINE
GENEVIÈVE. — Histoire d'une Servante. 1 vol.	5 »
NOUVELLES CONFIDENCES. 1 vol.	5 »
TOUSSAINT LOUVERTURE. 1 vol.	5 »
VIE D'ALEXANDRE LE GRAND. — 2 vol.	10 »

CHARLES LAMBERT
LE SYSTÈME DU MONDE MORAL. 1 vol.	7 50

DE LAROCHEFOUCAULD
DUC DE DOUDEAUVILLE

MÉMOIRES. — Tome I à V. — 5 vol.	37 50

JULES DE LASTEYRIE
HISTOIRE DE LA LIBERTÉ POLITIQUE EN FRANCE. — *Première partie*. 1 vol.	7 50
(L'ouvrage sera complet en 3 vol.)	

DE LATENA
ÉTUDE DE L'HOMME. 3e *édit*. 1 vol.	7 50

JULES LE BERQUIER
LA COMMUNE DE PARIS. — Limites et Organisation nouvelles. — 1 vol.	3 »

CHARLES LENORMANT
BEAUX-ARTS ET VOYAGES, précédés d'une lettre de M. GUIZOT. 2 vol.	15 »

L. DE LOMÉNIE
BEAUMARCHAIS ET SON TEMPS, études sur la Société en France au XVIIIe siècle, d'après des documents inédits. — 2e *édition*. — 2 vol.	15 »

LORD MACAULAY
Traduit par GUILLAUME GUIZOT

ESSAIS HISTORIQUES ET BIOGRAPHIQUES. — 2 vol.	12 »
ESSAIS PHILOSOPHIQUES ET POLITIQUES. (*Sous presse*). 1 vol.	6 »

OUVRAGES DIVERS. — FORMAT IN-8.

LORD MACAULAY (*Suite*) fr. c.
ESSAIS SUR LA LITTÉRATURE AN-
GLAISE. Précédés d'une Notice sur
lord Macaulay, par *Guillaume Gui-
zot*. — (*Sous presse*). 2 vol. . . . 12 »
ESSAIS SUR L'HISTOIRE D'ANGLE-
TERRE. (*Sous presse*). 1 vol. . . . 6 »

JOSEPH DE MAISTRE
CORRESPONDANCE DIPLOMATIQUE
(1811-1817), recueillie et publiée
par *Albert Blanc*. 2 vol. . . . 15 »
MÉMOIRES POLITIQUES ET CORRESPON-
DANCE DIPLOMATIQUE, avec explications et commentaires historiques,
par *Albert Blanc*. — 1 vol. . . . 5 »

LE COMTE DE MARCELLUS
CHATEAUBRIAND ET SON TEMPS. 1 vol. 7 50
LES GRECS ANCIENS ET LES GRECS
MODERNES. — Études littéraires. —
1 vol. 7 50
SOUVENIRS DIPLOMATIQUES. Corres-
pondance intime de M. de Chateau-
briand. — *Nouvelle édition*. —
1 vol. . . . . 5 »
VINGT JOURS EN SICILE. — 1 vol. . . 5 »

MÉRY
NAPOLÉON EN ITALIE. Poème. — 1 magnifique volume. . . . . 5 »

LE COMTE MIOT DE MÉLITO
*Ancien ambassadeur, ministre, conseiller
d'état et membre de l'Institut*
SES MÉMOIRES, publiés par sa famille
(1788-1815). 3 vol. . . . . . . 18 »

A. MONGINOT
*Professeur de comptabilité, expert près
les Cours et Tribunaux de Paris*
NOUVELLES ÉTUDES SUR LA COMPTA-
BILITÉ : TENUE DES LIVRES, com-
merciale, industrielle et agricole.
Comprenant les Théories, les Modèles et la Critique des systèmes
usités. — L'exposition d'une Mé-
thode nouvelle. — Un Traité sur
les vérifications. — Un résumé de
Législation et de Jurisprudence
spéciales, diverses notions sur les
opérations de bourse, les changes
et les arbitrages. — *2e édition*. —
1 vol. 7 50

LE COMTE DE MONTALIVET
LE ROI LOUIS-PHILIPPE (liste civile).
Nouv. édition, entièrement revue
et considérablement augmentée de
notes, pièces justificatives et documents inédits, avec un portrait et
un fac-simile du roi, et un plan
du château de Neuilly. — 1 vol. 6 »

MORTIMER-TERNAUX
HISTOIRE DE LA TERREUR, 1792-1794,
d'après des documents authentiques et inédits. Tome Ier. — 1 vol. 6 »

MICHEL NICOLAS fr. c.
DES DOCTRINES RELIGIEUSES DES
JUIFS pendant les deux siècles an-
térieurs à l'ère chrétienne. 1 vol. 7 50
ÉTUDES CRITIQUES SUR LA BIBLE. —
Ancien Testament. — 1 vol. . . 7 50

CHARLES NISARD
LES GLADIATEURS DE LA RÉPUBLI-
QUE DES LETTRES. — 2 vol. . . 15 »

CASIMIR PÉRIER
LES FINANCES DE L'EMPIRE. — 1/2 v. 1 »
LE TRAITÉ AVEC L'ANGLETERRE. —
2e édition, revue et augmentée.
— 1/2 vol. 1 50

A. PHILIPPE
ROYER-COLLARD, Sa vie publique,
sa vie privée, sa famille. 1 vol. . 5 »

L. PHILIPPSON
Traduction de L. Lévy-Bing
DU DÉVELOPPEMENT DE L'IDÉE RELI-
GIEUSE dans le Judaïsme, le Chris-
tianisme et l'Islamisme. 1 vol. . 6 »

L'ABBÉ PIERRE
CONSTANTINOPLE, JÉRUSALEM ET ROME
avec un plan de Jérusalem et une
carte des côtes orientales de la
Méditerranée. — 2 vol. . . . . 15 »

GUSTAVE PLANCHE
PORTRAITS LITTÉRAIRES. — 2 vol. 7 »

LE COMTE DE PONTÉCOULANT
SOUVENIRS HISTORIQUES ET PARLE-
MENTAIRES, extraits de ses papiers
et de sa correspondance. — 1764-
1848. — Tomes I et II. — 2 vol. 12 »

PRÉVOST-PARADOL
ÉLISABETH ET HENRI IV. — 1595-1598
— 1 vol. . . . . 6 »
ESSAIS DE POLITIQUE ET DE LITTÉ-
RATURE. — *2e édition*. — 1 vol. 7 50
NOUVEAUX ESSAIS DE POLITIQUE ET DE
LITTÉRATURE. — 1 vol. 7 50

EDGAR QUINET
HISTOIRE DE LA CAMPAGNE DE 1815,
— 1 vol. avec une carte. 7 50
MERLIN L'ENCHANTEUR. 2 vol. . . 15 »

Mme RÉCAMIER
SOUVENIRS ET CORRESPONDANCE tirés de ses papiers. — *3e édition*.
— 2 vol. . . . . 15 »
COPPET ET WEIMAR. — MADAME DE
STAËL ET LA GRANDE DUCHESSE
LOUISE. — Récits et Correspondances, par l'auteur des *Souvenirs de Madame Récamier*. 1 v. 7 50

CH. DE RÉMUSAT
de l'Académie française
POLITIQUE LIBÉRALE, ou Fragments
pour servir à la défense de la Révolution française. 1 vol. 7 50

ERNEST RENAN
de l'Institut
AVERROËS ET L'AVERROÏSME, essai
historique. — *2e édition, revue et
corrigée*. — 1 vol. 7 50

ERNEST RENAN (Suite)

fr. c.

LE CANTIQUE DES CANTIQUES, traduit de l'hébreu, avec une étude sur le plan, l'âge et le caractère du poème. — 2ᵉ *édition*. — 1 vol. . . . 6 »
DE L'ORIGINE DU LANGAGE. 3ᵉ *édition*. 1 vol. . . . . 6 »
DE LA PART DES PEUPLES SÉMITIQUES DANS L'HISTOIRE DE LA CIVILISATION. — 3ᵉ *édition*. — Brochure. . . . . 1 »
ESSAIS DE MORALE ET DE CRITIQUE. — 2ᵉ *édition*. — 1 vol. 7 50
ÉTUDES D'HISTOIRE RELIGIEUSE. 3ᵉ *édition*. — 1 vol. 7 50
HISTOIRE ET SYSTÈME COMPARÉ DES LANGUES SÉMITIQUES. — 3ᵉ *édition*, (*Sous presse*). — 1 vol. . . . . . . 12 »
LE LIVRE DE JOB, traduit de l'hébreu, avec une étude sur l'âge et le caractère du poème. — 2ᵉ *édition*. — 1 vol. 7 50

LOUIS REYBAUD
de l'Institut

ÉCONOMISTES MODERNES. — 1 vol. . 7 50
ÉTUDES SUR LE RÉGIME DES MANUFACTURES. Condition des ouvriers en soie. 1 vol. 7 50

LE COMTE R. R.

LA JUSTICE ET LA MONARCHIE POPULAIRE. — 1ʳᵉ *partie*: La Guerre d'Orient. — 1 vol. . . . . 3 »

J.-J. ROUSSEAU

ŒUVRES ET CORRESPONDANCE INÉDITES, publiées par M. Streckeisen-Moultou. — 1 vol. 7 50

LE MARÉCHAL DE St-ARNAUD

LETTRES (1832-1854), avec pièces justificatives. — 2ᵉ *édition*, précédée d'une notice par M. SAINTE-BEUVE. — 2 vol. ornés du portrait et d'un autographe. . . . . 12 »

SAINT-MARC GIRARDIN
de l'Académie française

SOUVENIRS ET RÉFLEXIONS POLITIQUES D'UN JOURNALISTE. 1 vol. . 7 50
LAFONTAINE ET LES FABULISTES (*sous presse*). — 2 vol. . . . . 15 »

J. SALVADOR

HISTOIRE DES INSTITUTIONS DE MOÏSE ET DU PEUPLE HÉBREU. 3ᵉ *édition*, revue et augmentée d'une Introduction sur l'avenir de la Question religieuse. — 2 vol. . . . . . 15 »
PARIS, ROME, JÉRUSALEM, ou la Question religieuse au XIXᵉ siècle. — 2 vol. . . . . 15 »

DE SÉNANCOUR

RÊVERIES. — 3ᵉ *édition*. — 1 vol. . 5 »

A. DE TOCQUEVILLE

fr. c.

L'ANCIEN RÉGIME ET LA RÉVOLUTION. 4ᵉ *édition*. 1 vol. 7 50
ŒUVRES ET CORRESPONDANCE INÉDITES, précédées d'une Introduction, par *Gustave de Beaumont*. 2 vol. 15 »

E. DE VALBEZEN

LES ANGLAIS ET L'INDE, avec notes, pièces justificatives et tableaux statistiques. — 3ᵉ *édition*. 1 vol. . . 7 50

OSCAR DE VALLÉE

ANTOINE LEMAISTRE ET SES CONTEMPORAINS. — Études sur le XVIIᵉ siècle. — 2ᵉ *édition*. 1 vol. 7 50
LE DUC D'ORLÉANS ET LE CHANCELIER D'AGUESSEAU. — Études morales et politiques. — 1 vol. . . . 7 50

LE DOCTEUR L. VÉRON

QUATRE ANS DE RÈGNE. — OU EN SOMMES-NOUS ? — 1 vol. . . . . 5 »

LOUIS DE VIEL-CASTEL

HISTOIRE DE LA RESTAURATION. 8 vol. . . . . 48 »
En vente, tomes I à V. 5 vol. 30 »
Tome VI (*Sous presse*.) 1 vol. . . 6 »

ALFR. DE VIGNY
de l'Académie française

ŒUVRES COMPLÈTES (NOUVELLE ÉDITION)

CINQ MARS, avec autographes de Richelieu et de Cinq-Mars. — 1 vol. 5 »
POÉSIES COMPLÈTES. — 1 vol. . . 5 »
SERVITUDE ET GRANDEUR MILITAIRE. — 1 vol. . . . . 5 »
STELLO. — 1 vol. . . . . 5 »
THÉÂTRE COMPLET. — 1 vol. . . . 5 »

VILLEMAIN
de l'Académie française

LA TRIBUNE MODERNE :
  1ʳᵉ PARTIE. — M. DE CHATEAUBRIAND, sa vie, ses écrits, son influence littéraire et politique sur son temps. — 1 vol. 7 50
  2ᵉ PARTIE (*sous presse*). 1 vol. . 7 50

L. VITET
de l'Académie française

L'ACADÉMIE ROYALE DE PEINTURE ET DE SCULPTURE. — Étude historique. — 1 vol. . . . . 6 »
LE LOUVRE. Étude historique, revue et augmentée (*Sous pr*.). — 1 vol. 6 »
L'ÉGLISE NOTRE-DAME DE NOYON, Essai archéologique, suivi d'études sur les monuments et sur la musique du moyen âge. — 1 vol. . . 6 »

LE RÉV. CHRISTOPHER WORDSWORT

DE L'ÉGLISE ET DE L'INSTRUCTION PUBLIQUE EN FRANCE. — 1 vol. . . 5 »

BIBLIOTHÈQUE CONTEMPORAINE
ET COLLECTION DE LA LIBRAIRIE NOUVELLE
Format grand in-18 à 3 francs le volume

	vol.
EDMOND ABOUT	
LETTRES D'UN BON JEUNE HOMME A SA COUSINE. — 2ᵉ *édition*.	1
AMÉDÉE ACHARD	
LES CHATEAUX EN ESPAGNE. — Contes et Nouvelles.	1
***	
VARIA. — Morale. — Politique. — Littérature.	4
ALFRED ASSOLLANT	
D'HEURE EN HEURE.	1
XAVIER AUBRYET	
LES JUGEMENTS NOUVEAUX.	1
***	
LES ZOUAVES ET LES CHASSEURS A PIED.	1
J. AUTRAN	
ÉPITRES RUSTIQUES.	1
LABOUREURS ET SOLDATS. — 2ᵉ *édition*, revue et corrigée.	1
LES POÈMES DE LA MER. — *Nouvelle édition, revue et considérablement augmentée*.	1
LA VIE RURALE. — Tableaux et Récits.	1
LE COMTE CÉSAR BALBO	
Traduction J. Amigue.	
HISTOIRE D'ITALIE.	2
J. BARBEY D'AUREVILLY	
LES PROPHÈTES DU PASSÉ.	1
ALEX. BARBIER	
LETTRES FAMILIÈRES SUR LA LITTÉRATURE.	1
J. BARTHÉLEMY SAINT-HILAIRE	
LETTRES SUR L'ÉGYPTE. — 2ᵉ *édition*.	1
L. BAUDENS	
Inspecteur, membre du Conseil de santé des armées.	
LA GUERRE DE CRIMÉE. — Les Campements, les Abris, les Ambulances, les Hôpitaux, etc. — 2ᵉ *édition*.	1
ROGER DE BEAUVOIR	
LES MEILLEURS FRUITS DE MON PANIER.	1
LA PRINCESSE DE BELGIOJOSO	
ASIE MINEURE ET SYRIE. — Souvenirs de voyage. — *Nouvelle édition*.	1
SCÈNES DE LA VIE TURQUE : Emina. — Un prince Kurde. — Les deux Femmes d'Ismaïl-Bey.	1
NOUVELLES SCÈNES DE LA VIE TURQUE (*Sous presse*).	1
GEORGES BELL	
VOYAGE EN CHINE.	1

	vol.
LE MARQUIS DE BELLOY	
LES TOQUÉS.	1
HECTOR BERLIOZ	
LES GROTESQUES DE LA MUSIQUE.	1
LES SOIRÉES DE L'ORCHESTRE. — 2ᵉ *édition, entièrem. revue et corrigée.*	1
CHARLES DE BERNARD	
ŒUVRES COMPLÈTES	
LES AILES D'ICARE.	1
UN BEAU-PÈRE.	1
L'ÉCUEIL.	1
LE GENTILHOMME CAMPAGNARD.	2
GERFAUT.	1
UN HOMME SÉRIEUX.	1
LE NŒUD GORDIEN.	1
NOUVELLES ET MÉLANGES.	1
LE PARAVENT.	1
LA PEAU DU LION ET LA CHASSE AUX AMANTS.	1
POÉSIES ET THÉATRE.	1
EUGÈNE BERTHOUD	
LE BAISER MORTEL.	1
SECRET DE FEMME.	1
H. BLAZE DE BURY	
LES AMIES DE GŒTHE (*Sous presse*).	1
LE CHEVALIER DE CHASOT, Mémoires du temps de Frédéric-le-Grand.	1
ÉCRIVAINS ET POÈTES DE L'ALLEMAGNE.	1
ÉPISODE DE L'HISTOIRE DU HANOVRE. — Les Kœnigsmark.	1
INTERMÈDES ET POÈMES.	1
SOUVENIRS ET RÉCITS DES CAMPAGNES D'AUTRICHE.	1
***	
HOMMES DU JOUR : 2ᵉ *édition*.	1
LES SALONS DE VIENNE ET DE BERLIN.	1
WILLIAM BOLTS	
HISTOIRE DES CONQUÊTES ET DE L'ADMINISTRATION DE LA COMPAGNIE ANGLAISE AU BENGALE.	1
LOUIS BOUILHET	
POÉSIES, Festons et Astragales.	1
FÉLIX BOVET	
VOYAGE EN TERRE SAINTE. — 3ᵉ *édition, revue et corrigée*.	1
A. BRIZEUX	
ŒUVRES COMPLÈTES. Édition définitive, augmentée d'un grand nombre de poésies inédites, précédée d'une étude sur Brizeux par Saint-René Taillandier, et ornée d'un portrait de Brizeux.	2

LE PRINCE A. DE BROGLIE vol.
de l'Académie française
ÉTUDES MORALES ET LITTÉRAIRES . . 1

AUGUSTE CALLET
Ancien Membre des Assemblées nationales
L'ENFER. 1

JULES DE CÉNAR (CARNÉ)
PÊCHEURS ET PÊCHERESSES 1

CLÉMENT CARAGUEL
LES SOIRÉES DE TAVERNY. — Contes et Nouvelles 1

MICHEL CERVANTES
THÉÂTRE, traduit pour la première fois par Alphonse Royer. 1

CHAMFORT
ŒUVRES. — Précédés de l'histoire de Chamfort par P.-J. STAHL. — *Nouv. édition, revue et augmentée.* 1

CHAMPFLEURY
CONTES VIEUX ET NOUVEAUX. 1
LES EXCENTRIQUES. — 2ᵉ *édition.* . . 1
LA MASCARADE DE LA VIE PARISIENNE. 1

A. CHARGUÉRAUD
LES BATARDS CÉLÈBRES, avec une introduction par E. de Girardin. 2ᵉ *éd.* 1

LE COMTE DE CHEVIGNÉ
CONTES RÉMOIS. 4ᵉ *édition*, illustrés de 34 dessins de Meissonier 1

F. CLAUDE
LES PSAUMES, traduction nouvelle, suivie de notes et réflexions 1
LE ROMAN DE L'AMOUR 1

Mme LOUISE COLET
LUI. — 3ᵉ *édition* 1

ÉMILE COLOMBEY
HISTOIRE ANECDOTIQUE DU DUEL DANS TOUS LES TEMPS ET TOUS LES PAYS. . 1

EUGÈNE CORDIER
LE LIVRE D'ULRICH. 1

H. CORNE
SOUVENIRS D'UN PROSCRIT. 1

CHARLES DE COURCY
LES HISTOIRES DU CAFÉ DE PARIS. . . 1

VICTOR COUSIN
De l'Académie française.
PHILOSOPHIE DE KANT 1
PHILOSOPHIE ÉCOSSAISE 1
PHILOSOPHIE SENSUALISTE 1

CUVILLIER-FLEURY
ÉTUDES HISTORIQUES ET LITTÉRAIRES. 2
NOUVELLES ÉTUDES HISTORIQUES ET LITTÉRAIRES 1
DERNIÈRES ÉTUDES HISTORIQUES ET LITTÉRAIRES 2
HISTORIENS, POÈTES ET ROMANCIERS. 2
PORTRAITS POLITIQUES ET RÉVOLUTIONNAIRES. — 2ᵉ *édition* 1
VOYAGES ET VOYAGEURS 1

LE GÉNÉRAL DAUMAS vol.
LES CHEVAUX DU SAHARA ET LES MŒURS DU DÉSERT. — 4ᵉ *édition, revue et augmentée*, avec des Commentaires par l'émir Abd-el-Kader. 1

E. DELÉCLUZE
SOUVENIRS DE SOIXANTE ANNÉES. . . . 1

PAUL DELTUF
ADRIENNE. 1
CONTES ROMANESQUES. 1
MADEMOISELLE FRUCHET. 1
RÉCITS DRAMATIQUES 1

A. DESBAROLLES
VOYAGE D'UN ARTISTE EN SUISSE A 3 FR. 50 C. PAR JOUR 1

ÉMILE DESCHANEL
CAUSERIES DE QUINZAINE. 1
CHRISTOPHE COLOMB 1

CHARLES DOLLFUS
LETTRES PHILOSOPHIQUES. 2ᵉ *édit.* 1
RÉVÉLATIONS ET RÉVÉLATEURS. 1

MAXIME DUCAMP
EXPÉDITION DE SICILE. — Souvenirs personnels 1

J. A. DUCONDUT
ESSAI DE RHYTHMIQUE FRANÇAISE, Introduction théorique. — Manuel lyrique et Préludes 1

E. DUFOUR
LES GRIMPEURS DES ALPES (Peaks, Passes and Glaciers). Trad. de l'anglais. 1

ALEXANDRE DUMAS
LES GARIBALDIENS, révolutions de Sicile et de Naples. 1

ALEXANDRE DUMAS FILS
CONTES ET NOUVELLES. 1

CHARLES EDMOND
SOUVENIRS D'UN DÉPAYSÉ. 1

Mme ELLIOTT
MÉMOIRES SUR LA RÉVOLUTION FRANÇAISE, traduits par M. le comte de Baillon, avec une appréciation critique de M. Sainte-Beuve et un beau portrait gravé sur acier. — 2ᵉ *édition* 1

ERCKMANN-CHATRIAN
CONTES DE LA MONTAGNE. 1
MAITRE DANIEL ROCK. 1

L. ET M. ESCUDIER
DICTIONNAIRE DE MUSIQUE THÉORIQUE ET HISTORIQUE, avec une préface par F. Halévy. — Nouvelle édition. 1

ALPHONSE ESQUIROS
LA NÉERLANDE ET LA VIE HOLLANDAISE. 2

FÉTIS
LA MUSIQUE DANS LE PASSÉ, DANS LE PRÉSENT ET DANS L'AVENIR (*sous presse*) 2

BIBLIOTHÈQUE CONTEMPORAINE. — FORMAT GRAND IN-18.

FEUILLET DE CONCHES — vol.
LÉOPOLD ROBERT, sa vie, ses œuvres et sa correspondance. — *Nouvelle édition* 1

OCTAVE FEUILLET
de l'Académie française
BELLAH. — 5e *édition*. 1
LA PETITE COMTESSE, le Parc, Onesta. — *Nouvelle édition*. 1
LE ROMAN D'UN JEUNE HOMME PAUVRE. — *nouvelle édition*. 1
SCÈNES ET COMÉDIES. — *Nouv. édition*. 1
SCÈNES ET PROVERBES. — *Nouv. édit*. 1

PAUL FÉVAL.
QUATRE FEMMES ET UN HOMME. — 2e *édit*. 1

ERNEST FEYDEAU
ALGER. — Étude 1

LOUIS FIGUIER.
LES EAUX DE PARIS, leur passé, leur état présent, leur avenir, avec une carte hydrographique et géologique du bassin de Paris (coloriée) . . . 1

GUSTAVE FLAUBERT.
MADAME BOVARY. *Nouvelle édit. revue*. 1

EUGÈNE FORCADE
ÉTUDES HISTORIQUES. 1
HISTOIRE DES CAUSES DE LA GUERRE D'ORIENT. 1

E. D. FORGUES.
UNE PARQUE. — MA VIE DE GARÇON. Imitations de l'anglais. 1

MARC FOURNIER
LE MONDE ET LA COMÉDIE (*Sous presse*) 1

VICTOR FRANCONI
LE CAVALIER, Cours d'équitation pratique. — 2e *édition, revue et augmentée*. 1
L'ÉCUYER, Cours d'équitation pratique. 1

ARNOULD FRÉMY
LES MŒURS DE NOTRE TEMPS. 1

EUGÈNE FROMENTIN
UNE ANNÉE DANS LE SAHEL. — 2e *éd*. 1
UN ÉTÉ DANS LE SAHARA. — 2e *édition*. 1

LÉOPOLD DE GAILLARD
QUESTIONS ITALIENNES : Voyage. — Histoire. — Politique. 1

P. GARREAU
ESSAI SUR LES PREMIERS PRINCIPES DES SOCIÉTÉS. 1

LE Cte AGÉNOR DE GASPARIN
LE BONHEUR. — 2e *édition*. 1
UN GRAND PEUPLE QUI SE RELÈVE. — Les États-Unis en 1861. 2e *édition revue et corrigée*. 1

***
LES HORIZONS CÉLESTES. — 6e *édit*. 1
LES HORIZONS PROCHAINS. — 5e *édit*. 1
VESPER. — 4e *édition*. 1

BENJAMIN GASTINEAU — vol.
LES FEMMES ET LES MŒURS DE L'ALGÉRIE. 1

THÉOPHILE GAUTIER
EN GRÈCE ET EN AFRIQUE (*Sous presse*) 1

JULES GÉRARD
Le Tueur de Lions
VOYAGES ET CHASSES DANS L'HIMALAYA 1

LÉON GOZLAN
BALZAC CHEZ LUI. — SOUVENIRS DES JARDIES. 1
HISTOIRE D'UN DIAMANT. 1

GRÉGOROVIUS
Traduction de F. Sabatier
LES TOMBEAUX DES PAPES ROMAINS, av. une introduction de J. J. AMPÈRE. 1

EDOUARD GRENIER
POÈMES DRAMATIQUES. 1

F. DE GROISEILLIEZ
LES COSAQUES DE LA BOURSE OU LE JEU DU DIABLE. 1
HISTOIRE DE LA CHUTE DE LOUIS-PHILIPPE. 1

F. HALÉVY
de l'Institut, secrétaire perpétuel de l'Académie des Beaux-Arts
SOUVENIRS ET PORTRAITS. — Études sur les Beaux-Arts. 1
DERNIERS SOUVENIRS ET PORTRAITS, suivis de quelques lettres inédites. 1

B. HAURÉAU
SINGULARITÉS HISTORIQUES ET LITTÉRAIRES. 1

LE COMTE D'HAUSSONVILLE
HISTOIRE DE LA POLITIQUE EXTÉRIEURE DU GOUVERNEMENT FRANÇAIS (1830-1848). Avec notes, pièces justificatives et documents diplomatiques entièrement inédits. — *Nouvelle édition*. 2
HISTOIRE DE LA RÉUNION DE LA LORRAINE A LA FRANCE. Avec notes, pièces justificatives et documents historiques entièrement inédits. — 2e *édition, revue et corrigée*. . . . 1

***
MARGUERITE DE VALOIS. (*Sous presse*) 1
ROBERT EMMET. — 2e *édition*. . . . 1
SOUVENIRS D'UNE DEMOISELLE D'HONNEUR DE LA DUCHESSE DE BOURGOGNE 2e *édition*. 1

HENRI HEINE
ŒUVRES COMPLÈTES
DE LA FRANCE. — *Nouvelle édition*. 1
DE L'ALLEMAGNE. — *Nouvelle édition, entièrement revue et augmentée de fragments inédits*. 2
LUTÈCE, lettres sur la vie politique, artistique et sociale de la France. — 5e *édition*. 1
POÈMES ET LÉGENDES. — *Nouv. édition*. 1
REISEBILDER, tableaux de voyage. —

HENRI HEINE (Suite)   vol.
Nouvelle édition, revue, considérablement augmentée, précédée d'une étude sur Henri Heine, par *Théophile Gautier*, et ornée d'un portrait......... 2

CAMILLE HENRY
LE ROMAN D'UNE FEMME LAIDE. 2e édit. 1
LE ROMAN D'UNE JOLIE FEMME (sous pr.) 1
UNE NOUVELLE MADELEINE............ 1

HOFFMANN
Traduction de Champfleury
CONTES POSTHUMES.................. 1

ROBERT HOUDIN
CONFIDENCES D'UN PRESTIDIGITATEUR. 2

ARSÈNE HOUSSAYE
MADEMOISELLE MARIANI, histoire parisienne (1858). — 4e édition...... 1

CHARLES HUGO
LE COCHON DE SAINT-ANTOINE (Sous pr.) 1
UNE FAMILLE TRAGIQUE............... 1

IMMERMANN
LA BLONDE LISBETH, avec une préface de Nefftzer..................... 1

UN INCONNU
MONSIEUR X ET MADAME ***........... 1

ALFRED JACOBS
L'OCÉANIE NOUVELLE. — Colonies, Migrations et Mélanges................ 1

PAUL JANET
LA FAMILLE. — LEÇONS DE PHILOSOPHIE MORALE, ouvrage couronné par l'Académie française. — 4e édition... 1

JULES JANIN
BARNAVE. *Nouvelle édition*......... 1
LES CONTES DU CHALET............... 1
HISTOIRE DE LA LITTÉRATURE DRAMATIQUE............................. 6

KARL-DES-MONTS
LES LÉGENDES DES PYRÉNÉES. — 4e éd. 1

ALPHONSE KARR
DE LOIN ET DE PRÈS................. 1
EN FUMANT. — 2e édition............ 1
LETTRES ÉCRITES DE MON JARDIN...... 1
LE ROI DES ILES CANARIES (Sous presse)........................... 1
SUR LA PLAGE....................... 1

LABRUYÈRE
LES CARACTÈRES. — *Nouvelle édition*, commentée par A. DESTAILLEUR.... 2

LAMARTINE   vol.
LES CONFIDENCES, *nouvelle édition*. 1
GENEVIÈVE, Histoire d'une Servante. 2e édition........................ 1
NOUVELLES CONFIDENCES. 2e édition.. 1
TOUSSAINT LOUVERTURE. 3e édition... 1

JULIETTE LAMBER
MON VILLAGE........................ 1
LE MANDARIN........................ 1

LE PRINCE DE LA MOSKOWA
SOUVENIRS ET RÉCITS................ 1

LANFREY
LES LETTRES D'ÉVERARD.............. 1

VICTOR DE LAPRADE
de l'Académie française
POÈMES ÉVANGÉLIQUES. — 3e édition, augmentée d'un chapitre de la *Poétique chrétienne*, ouvrage couronné par l'Académie française........... 1
PSYCHÉ. — Odes et Poèmes. — *Nouvelle édition*, augmentée de Pièces nouvelles......................... 1
LES SYMPHONIES. — IDYLLES HÉROÏQUES. — *Nouvelle édition*, augmentée de pièces inédites.................. 1

FERDINAND DE LASTEYRIE
LES TRAVAUX DE PARIS, examen critique............................. 1

ÉMILE DE LATHEULADE
DE LA DIGNITÉ HUMAINE.............. 1

ANTOINE DE LATOUR
ÉTUDES SUR L'ESPAGNE............... 2
LA BAIE DE CADIX. — NOUVELLES ÉTUDES SUR L'ESPAGNE............... 1
TOLÈDE ET LES BORDS DU TAGE. — NOUVELLES ÉTUDES SUR L'ESPAGNE.... 1

CHARLES DE LA VARENNE
VICTOR EMMANUEL II ET LE PIÉMONT.. 1

CH. LAVOLLÉE
LA CHINE CONTEMPORAINE............. 1

ERNEST LEGOUVÉ
de l'Académie française
LECTURES A L'ACADÉMIE.............. 1

JOHN LEMOINNE
ÉTUDES CRITIQUES ET BIOGRAPHIQUES.. 1
NOUVELLES ÉTUDES CRITIQUES ET BIOGRAPHIQUES....................... 1

CH. LIADIÈRES
ŒUVRES DRAMATIQUES ET LÉGENDES.. 1
SOUVENIRS HISTORIQUES ET PARLEMENTAIRES....................... 1

FRANZ LISZT
DES BOHÉMIENS ET DE LEUR MUSIQUE EN HONGRIE....................... 1

LE ROI LOUIS-PHILIPPE
MON JOURNAL. Événements de 1815... 2

BIBLIOTHÈQUE CONTEMPORAINE. — FORMAT GRAND IN-18.

LE VICOMTE DE LUDRE vol.
DIX ANNÉES DE LA COUR DE GEORGES II 1

CHARLES MAGNIN
HISTOIRE DES MARIONNETTES EN EUROPE, depuis l'antiquité jusqu'à nos jours. — 2ᵉ *édition, revue et corrigée*. 1

FÉLICIEN MALLEFILLE
LE COLLIER. — Contes et Nouvelles. 1

HECTOR MALOT
LES AMOURS DE JACQUES. 3
LES VICTIMES D'AMOUR. — 1ʳᵉ *partie :* Les Amants. — 2ᵉ *édition*. 1
LES VICTIMES D'AMOUR. — 2ᵉ *partie :* Les Époux (*Sous presse*). 1

MANÉ-THÉCEL-PHARÈS
HISTOIRES D'IL Y A VINGT ANS. 1

AUGUSTE MAQUET
LES VERTES-FEUILLES. 1

LE COMTE DE MARCELLUS
CHANTS POPULAIRES DE LA GRÈCE MODERNE, réunis, classés et traduits. 1

CH. DE MAZADE
L'ITALIE MODERNE. Récits des Guerres et des Révolutions italiennes. 1

MERCIER
TABLEAU DE PARIS, *nouvelle édition*. 1

PROSPER MÉRIMÉE
LES DEUX HÉRITAGES, suivis de L'INSPECTEUR GÉNÉRAL et des DÉBUTS D'UN AVENTURIER. 1
ÉPISODE DE L'HISTOIRE DE RUSSIE. — Les faux Démétrius. 1
ÉTUDES SUR L'HISTOIRE ROMAINE : Essai sur la Guerre sociale. — Conjuration de Catilina. 1
MÉLANGES HISTORIQUES ET LITTÉRAIRES 1
NOUVELLES. — 4ᵉ *édition :* Carmen. — Arsène Guillot. — L'abbé Aubain. — La Dame de pique. — Les Bohémiens. — Le Hussard. — Nicolas Gogol. 1

MÉRY
UN CRIME INCONNU. 1
MONSIEUR AUGUSTE. — 2ᵉ *édition*. 1
POÉSIES INTIMES. 1
THÉATRE DE SALON. — 2ᵉ *édition*. 1
URSULE. 1
LA VIE FANTASTIQUE (*Sous presse*). 1

ÉDOUARD MEYER
CONTES DE LA MER BALTIQUE. 1

PAUL DE MOLÈNES
L'AMANT ET L'ENFANT. 1
AVENTURES DU TEMPS PASSÉ : Trésleur. — Briolan. — Le roi Arthur. 1
LE BONHEUR DES MAIGE. 1
CARACTÈRES ET RÉCITS DU TEMPS. 1
LES COMMENTAIRES D'UN SOLDAT. 1
LA FOLIE DE L'ÉPÉE. 1
HISTOIRES SENTIMENTALES ET MILITAIRES. 1

MARC MONNIER vol.
GARIBALDI. — Histoire de la conquête des Deux-Siciles. 1

CHARLES MONSELET
LA FRANC-MAÇONNERIE DES FEMMES. 1

HENRY MURGER
LES NUITS D'HIVER. — Poésies complètes 2ᵉ *édition*. 1

PAUL DE MUSSET
UN MAITRE INCONNU. 1

NADAR
LA ROBE DE DÉJANIRE. 1

LA COMTESSE NATHALIE
LA VILLA GALIETTA, Nouvelle. 1

CHARLES NISARD
MÉMOIRES ET CORRESPONDANCES HISTORIQUES ET LITTÉRAIRES INÉDITS, 1726 à 1846. 1

D. NISARD
de l'Académie française
ÉTUDES DE CRITIQUE LITTÉRAIRE. 1
ÉTUDES D'HISTOIRE ET DE LITTÉRATURE. 1
ÉTUDES SUR LA RENAISSANCE. 1
SOUVENIRS DE VOYAGES
France. — Belgique. — Prusse rhénane. — Angleterre. 1

LE VICOMTE DE NOÉ
LES BACHI-BOZOUCKS ET LES CHASSEURS D'AFRIQUE. — La Cavalerie régulière en campagne. 1

TH. PAVIE
RÉCITS DE TERRE ET DE MER. 1
SCÈNES ET RÉCITS DES PAYS D'OUTRE-MER. 1

PAUL PERRET
MADEMOISELLE DU PLESSÉ. 1

LÉONCE DE PESQUIDOUX
L'ÉCOLE ANGLAISE (1672-1851). Études biographiques et critiques. 1
VOYAGE ARTISTIQUE EN FRANCE. Études sur les musées de province. 1

A. PEYRAT
HISTOIRE ET RELIGION. 1

LAURENT PICHAT
CARTES SUR TABLES. — Nouvelles. 1
LA SIBYLLE. 1

AMÉDÉE PICHOT
SIR CHARLES BELL, histoire de sa vie et de ses travaux. 1

GUSTAVE PLANCHE
ÉTUDES LITTÉRAIRES. 1
ÉTUDES SUR L'ÉCOLE FRANÇAISE. — Peinture et Sculpture. 2
ÉTUDES SUR LES ARTS. 1
PORTRAITS D'ARTISTES : Peintres et Sculpteurs. 2

ÉDOUARD PLOUVIER
vol.
LA BELLE AUX CHEVEUX BLEUS. 2e édit. . 1

LE PRINCE A. DE POLIGNAC
Traducteur
LE FAUST DE GOETHE, avec une Préface d'*Arsène Houssaye* 1

F. PONSARD
de l'Académie française
ÉTUDES ANTIQUES 1
THÉÂTRE COMPLET : 3e *édition* 4

A. DE PONTMARTIN
CAUSERIES LITTÉRAIRES. — *Nouvelle édition* 1
NOUVELLES CAUSERIES LITTÉRAIRES. — 2e *édition, revue et augmentée d'une préface* 1
DERNIÈRES CAUSERIES LITTÉRAIRES . . 1
CAUSERIES DU SAMEDI. — 2e *série des* CAUSERIES LITTÉRAIRES. — *Nouvelle édition* 1
NOUVELLES CAUSERIES DU SAMEDI. — 2e *édition* 1
DERNIÈRES CAUSERIES DU SAMEDI . . 1
LE FOND DE LA COUPE. — Nouvelles . 1
LES JEUDIS DE Mme CHARBONNEAU . 1
LES SEMAINES LITTÉRAIRES 1

EUGÈNE POUJADE
LE LIBAN ET LA SYRIE 1

VICTOR POUPIN
UN MARIAGE ENTRE MILLE 1

PRÉVOST-PARADOL
QUELQUES PAGES D'HISTOIRE CONTEMPORAINE. Lettres politiques. 1

F. PUAUX
HISTOIRE DE LA RÉFORMATION FRANÇAISE 6

LOUIS RATISBONNE
L'ENFER DU DANTE, traduction en vers, texte en regard. — 3e *édition* . . . 2
Ouvrage couronné par l'Académie française.
LE PURGATOIRE DU DANTE, traduit en vers, texte en regard. 2
LE PARADIS DU DANTE, traduit en vers, texte en regard. 2
IMPRESSIONS LITTÉRAIRES 1
MORTS ET VIVANTS. — Nouvelles Impressions littéraires 1

PAUL DE RÉMUSAT
LES SCIENCES NATURELLES. Études sur leur histoire et sur leurs plus récents progrès 1

D. JOSE GUELL Y RENTE
LÉGENDES AMÉRICAINES 1
LÉGENDES D'UNE ÂME TRISTE 1
TRADITIONS AMÉRICAINES 1
LA VIERGE DES LYS. — PETITE FILLE DE ROI. 1

LOUIS REYBAUD
vol.
LA COMTESSE DE MAULÉON 1
JÉRÔME PATUROT A LA RECHERCHE D'UNE POSITION SOCIALE. — *Nouvelle édition*. 1
JÉRÔME PATUROT A LA RECHERCHE DE LA MEILLEURE DES RÉPUBLIQUES. — *Nouvelle édition* 2
MARINES ET VOYAGES 1
MŒURS ET PORTRAITS DU TEMPS. . . . 2
NOUVELLES 1
ROMANS 1
SCÈNES DE LA VIE MODERNE 1
LA VIE A REBOURS 1
LA VIE DE CORSAIRE 1
LA VIE DE L'EMPLOYÉ 1

CHARLES REYNAUD
ÉPÎTRES, CONTES ET PASTORALES . . . 1
ŒUVRES INÉDITES 1

HENRI RIVIÈRE
LA MAIN COUPÉE 1

AMÉDÉE ROLLAND
LA FOIRE AUX MARIAGES. — 2e *édition* 1

JEAN ROUSSEAU
PARIS DANSANT. — 2e *édition* 1

C.-A. SAINTE-BEUVE
de l'Académie française
NOUVEAUX LUNDIS (Sous presse) . . . 2

SAINT-RENÉ TAILLANDIER
ALLEMAGNE ET RUSSIE. Études historiques et littéraires 1
LA COMTESSE D'ALBANY 1
HISTOIRE ET PHILOSOPHIE RELIGIEUSE. 1
LITTÉRATURE ÉTRANGÈRE. — ÉCRIVAINS ET POÈTES MODERNES 1

GEORGE SAND
ŒUVRES CHOISIES
ANDRÉ 1
LES AMOURS DE L'ÂGE D'OR 1
AUTOUR DE LA TABLE 1
CONSTANCE VERRIER 1
ELLE ET LUI 1
LA FAMILLE DE GERMANDRE 1
INDIANA 1
JEAN DE LA ROCHE 1
LES MAÎTRES MOSAÏSTES 1
LES MAÎTRES SONNEURS 1
LA MARE AU DIABLE 1
LE MARQUIS DE VILLEMER 1
MAUPRAT 1
MONT-REVÊCHE 1
NOUVELLES 1
TAMARIS 1
THÉÂTRE COMPLET 3
VALENTINE 1
VALVÈDRE 1
LA VILLE NOIRE 1

MAURICE SAND
SIX MILLE LIEUES A TOUTE VAPEUR . . 1

JULES SANDEAU
De l'Académie française
CATHERINE. — *Nouvelle édition* . . 1
UN DÉBUT DANS LA MAGISTRATURE (S. pr.) 1
LA MAISON DE PENARVAN. — 7e *édition* 1

AURÉLIEN SCHOLL vol.
HISTOIRE D'UN PREMIER AMOUR. . . . 1

EUGÈNE SCRIBE
HISTORIETTES ET PROVERBES 2

WILLIAM N. SENIOR
LA TURQUIE CONTEMPORAINE. 1

DE STENDHAL (H. BEYLE)
ŒUVRES COMPLÈTES

DE L'AMOUR. *Seule édition complète.* 1
LA CHARTREUSE DE PARME. *Nouv. éd.* 1
CHRONIQUES ITALIENNES 1
CORRESPONDANCE INÉDITE, précédée d'une Introduction par Prosper Mérimée, de l'Académie française, ornée d'un beau portrait de Stendhal. 2
HISTOIRE DE LA PEINTURE EN ITALIE, *seule édition complète* entièrement revue et corrigée. 1
MÉMOIRES D'UN TOURISTE. *Nouvelle édition* revue et augmentée d'une grande partie entièrement inédite. 2
NOUVELLES INÉDITES 1
NOUVELLES ET MÉLANGES. (*Sous pr.*). 1
PROMENADES DANS ROME. *Nouv. édition* avec fragments inédits . . 2
RACINE ET SHAKSPEARE, Études sur le Romantisme. — *Nouv. édition* entièrement revue et augmentée d'un grand nombre de fragments inédits. 1
ROMANS ET NOUVELLES, précédés d'une Notice sur STENDHAL, par M. R. COLOMB. 1
ROME, NAPLES ET FLORENCE. *Nouvelle édition* entièrement revue et corrigée 1
LE ROUGE ET LE NOIR. *Nouv. édition* 1
VIE DE ROSSINI. *Nouv. édition,* entièrement revue et augmentée. . . 1
VIES DE HAYDN, DE MOZART ET DE MÉTASTASE. *Nouvelle édition* entièrement revue. 1

DANIEL STERN
FLORENCE ET TURIN, Souvenirs et Espérances 1

JEAN STEV
LE OUI ET LE NON DES FEMMES. . . . 1

EDMOND TEXIER
CONTES ET VOYAGES 1
CRITIQUES ET RÉCITS LITTÉRAIRES. . 1

CH. THIERRY-MIEG
SIX SEMAINES EN AFRIQUE, Souvenirs de voyage, avec une carte itinéraire de V. A. Malte-Brun et 9 dessins de *Worms*. 1

A. THIERS
HISTOIRE DE LAW 1

ÉMILE THOMAS
HISTOIRE DES ATELIERS NATIONAUX, considérés sous le double point de vue politique et social; des causes de leur formation et de leur existence; et de l'influence qu'ils ont exercée sur les événements des quatre premiers mois de la République; suivie de pièces justificatives. 1

MARIO UCHARD vol.
RAYMON. — 2e *édition* 1

LOUIS ULBACH
MONSIEUR ET MADAME FERNEL. — 5e *éd.* 1

E. DE VALBEZEN
(*Le major Fridolin*)
LA MALLE DE L'INDE. — 2e *édition*. . 1
RÉCITS D'HIER ET D'AUJOURD'HUI. — Nouvelles. 1

AUGUSTE VACQUERIE
PROFILS ET GRIMACES. 1

OSCAR DE VALLÉE
LES MANIEURS D'ARGENT. Études historiques et morales (1720-1857). — 4e *édition, revue et précédée d'une nouvelle introduction*. 1

MAX VALREY
CES PAUVRES FEMMES ! 1

THÉODORE VERNES
NAPLES ET LES NAPOLITAINS. — 2e *édit.* 1

CLAUDE VIGNON
JEANNE DE MAUGUET, mœurs de province. 1

SAMUEL VINCENT
DU PROTESTANTISME EN FRANCE. — *Nouvelle édition*, précédée d'une introduction de M. PRÉVOST-PARADOL. 1

LÉON VINGTAIN
DE LA LIBERTÉ DE LA PRESSE, avec un Appendice contenant les avertissements, suspensions et suppressions encourus par la presse quotidienne et périodique, depuis 1848 jusqu'à nos jours 1
VIE PUBLIQUE DE ROYER-COLLARD, Études parlementaires, avec une préface de M. *A. de Broglie*. 1

L. VITET
de l'Académie française
ESSAIS HISTORIQUES ET LITTÉRAIRES. 1
LA LIGUE. — SCÈNES HISTORIQUES: Les États de Blois. — Histoire de la Ligue. — Les Barricades. — La mort de Henri III. — Précédées des ÉTATS D'ORLÉANS, SCÈNES HISTORIQUES. — *Nouvelle édition, revue et corrigée*. 2
HISTOIRE DE DIEPPE. — *Nouvelle édit. revue et augmentée* (*Sous presse*). 1
ÉTUDES SUR L'HISTOIRE DE LA PEINTURE, en Italie, en France et dans les Pays-Bas (*Sous presse*). 1

RICHARD WAGNER
QUATRE POÈMES D'OPÉRAS ALLEMANDS traduits en prose française . . . 1

FRANCIS WEY
CHRISTIAN (*roman inédit*). 1

E. YEMENIZ
Consul de Grèce
LA GRÈCE MODERNE. — Héros et Poètes. 1

BIBLIOTHÈQUE NOUVELLE

Format grand in-18 à 2 francs le volume

	vol.
EDMOND ABOUT	
LE CAS DE M. GUÉRIN.	1
AMÉDÉE ACHARD	
BELLE-ROSE.	1
NELLY.	1
ALBERT AUBERT	
LES ILLUSIONS DE JEUNESSE DE M. BOUDIN.	1
BABAUD-LARIBIÈRE	
HISTOIRE DE L'ASSEMBLÉE NATIONALE CONSTITUANTE.	2
H. DE BARTHÉLEMY	
LA NOBLESSE EN FRANCE, avant et depuis 1789.	1
FRÉDÉRIC BÉCHARD	
LES EXISTENCES DÉCLASSÉES. — 3ᵉ édition.	1
UN ÉCHAPPÉ DE PARIS. — 2ᵉ série des Existences déclassées.	1
GEORGES BELL	
LES REVANCHES DE L'AMOUR.	1
PIERRE BERNARD	
L'A B C DE L'ESPRIT ET DU CŒUR.	1
ALBERT BLANQUET	
LE ROI D'ITALIE, roman historique.	1
RAOUL BRAVARD	
CES SAVOYARDS!	1
E. BRISEBARRE & E. NUS	
LES DRAMES DE LA VIE.	2
CLÉMENT CARAGUEL	
SOUVENIRS ET AVENTURES D'UN VOLONTAIRE GARIBALDIEN.	1
COMTESSE DE CHABRILLAN	
EST-IL FOU?	1
MISS PEWEL.	1
EUGÈNE CHAPUS	
LES HALTES DE CHASSE. — 2ᵉ édition.	1
ÉMILE CHEVALIER	
LES PIEDS-NOIRS.	1
A. CONSTANT	
LE SORCIER DE MEUDON.	1
COMTESSE DASH	
LE LIVRE DES FEMMES.	1
ÉDOUARD DELESSERT	
LE CHEMIN DE ROME.	1
CH. DESLYS	
SUR LA CÔTE NORMANDE.	1
CH. DICKENS	
Traduction Amédée Pichot	
HISTORIETTES ET RÉCITS DU FOYER.	1
CH. DOLLFUS	
LE CALVAIRE.	1
LIBERTÉ ET CENTRALISATION.	1
MAXIME DUCAMP	
LES CHANTS MODERNES.	1
LE CHEVALIER DU CŒUR-SAIGNANT.	1
L'HOMME AU BRACELET D'OR.	1
LE NIL (Égypte et Nubie). — 2ᵉ édition.	1
LE SALON DE 1859.	1
LE SALON DE 1861.	1
ALEXANDRE DUMAS	
L'ART ET LES ARTISTES CONTEMPORAINS au salon de 1859.	1
UNE AVENTURE D'AMOUR.	1
LES COMPAGNONS DE JÉHU.	2
LA MARQUISE D'ESCOMAN.	2
MONSIEUR COUMBES.	1
DE PARIS A ASTRAKAN. — 1ʳᵉ, 2ᵉ et 3ᵉ séries.	3
ANTOINE GANDON	
LES TRENTE-DEUX DUELS DE JEAN GIGON. — 9ᵉ édition.	1
LE GRAND GODARD. — 4ᵉ édition.	1
ÉMILE DE GIRARDIN	
BON SENS, BONNE FOI.	1
LE DROIT AU TRAVAIL au Luxembourg et à l'Assemblée nationale.	1
ÉTUDES POLITIQUES, *nouvelle édition*.	1
LE POUR ET LE CONTRE.	4
QUESTIONS ADMINISTRATIVES ET FINANCIÈRES.	1
EDMOND ET JULES DE GONCOURT	
SŒUR PHILOMÈNE.	1
ÉDOUARD GOURDON	
LOUISE. — 10ᵉ édition.	1
LES FAUCHEURS DE NUIT. — 3ᵉ édition.	1
LÉON GOZLAN	
L'AMOUR DES LÈVRES ET L'AMOUR DU CŒUR.	1
ARISTIDE FROISSART.	1
GEORGES III.	1
Mᵐᵉ MARIE DE GRANFORT	
OCTAVE. — COMMENT ON S'AIME QUAND ON NE S'AIME PLUS.	1

BIBLIOTHÈQUE NOUVELLE. — FORMAT GRAND IN-18.

JULES GUÉROULT — vol.
FABLES. 1

L. D'HAUTECOUR, BARON D'AUDELANGE
L'ERMITE DE MATAPAN. 1

CAMILLE HENRY
DARIE OU LES QUATRE AGES D'UN AMOUR. 1

CHARLES D'HÉRICAULT
LA FILLE AUX BLUETS. — UN PAYSAN DE L'ANCIEN RÉGIME. — 2e édition. . . 1

LA REINE HORTENSE
(Fragments de Mémoires inédits)
LA REINE HORTENSE EN ITALIE, EN FRANCE ET EN ANGLETERRE PENDANT L'ANNÉE 1831. 1

A. JAIME FILS
L'HÉRITAGE DU MAL. 1
LES TALONS NOIRS. — 2e édition. . . 1

LOUIS JOURDAN
LES PEINTRES FRANÇAIS. — SALON DE 1859. 1

Mme LA MARQUISE DE LA GRANGE
LA RÉSINIÈRE D'ARCACHON. 1

STÉPHEN DE LA MADELAINE
UN CAS PENDABLE. 1

F. LAMENNAIS
DE LA SOCIÉTÉ PREMIÈRE et de ses lois. 1

LARDIN & MIE D'AGHONNE
JEANNE DE FLERS. 1

FANNY LOVIOT
LES PIRATES CHINOIS. — 3e édition. . 1

LOUIS LURINE
VOYAGE DANS LE PASSÉ. 1

AUGUSTE MAQUET
LA BELLE GABRIELLE. 3
LE COMTE DE LAVERNIE. 3
DETTES DE CŒUR. — 5e édition. . . 1
LA MAISON DU BAIGNEUR. 2

MÉRY
LE PARADIS TERRESTRE. — 2e édition. 1
MARSEILLE ET LES MARSEILLAIS. — 2e édition. 1

ALFRED MICHIELS
CONTES D'UNE NUIT D'HIVER. 1

EUGÈNE DE MIRECOURT
LES CONFESSIONS DE MARION DELORME. 3

L'ABBÉ TH. MITRAUD
DE LA NATURE DES SOCIÉTÉS HUMAINES. 1

L. MOLAND
LE ROMAN D'UNE FILLE LAIDE. . . . 1

HENRY MONNIER — vol.
MÉMOIRE DE M. JOSEPH PRUDHOMME. 1

CHARLES MONSELET
LES GALANTERIES DU XVIIIe SIÈCLE. . 1

CHARLES NARREY
LE QUATRIÈME LARRON. 1

HENRI NICOLLE
COURSES DANS LES PYRÉNÉES. 1

JULES NORIAC
LA BÊTISE HUMAINE. — 13e édition. . 1
LE 101e RÉGIMENT. — Nouvelle édition. 1
LE GRAIN DE SABLE. — 8e édition. . 1

LAURENCE OLIPHANT
VOYAGE PITTORESQUE D'UN ANGLAIS EN RUSSIE ET SUR LE LITTORAL DE LA MER NOIRE ET DE LA MER D'AZOF. . . . 1

PARMENTIER
DESCRIPTION TOPOGRAPHIQUE DE LA GUERRE TURCO-RUSSE. 1

H. DE PÈNE
UN MOIS EN ALLEMAGNE : Nauheim. . 1

CHARLES PERRIER
L'ART FRANÇAIS AU SALON DE 1857. . 1

JOSEPH DE RAINNEVILLE
CATHOLIQUES TOLÉRANTS ET LÉGITIMISTES LIBÉRAUX. 1

CHARLES RABOU
LOUISON D'ARQUIEN. 1
LES TRIBULATIONS DE MAITRE FABRICIUS. 1
LE CAPITAINE LAMBERT. 1

ROGER DE BEAUVOIR
COLOMBES ET COULEUVRES. 1
LES MYSTÈRES DE L'ÎLE SAINT-LOUIS. . 1
LES ŒUFS DE PAQUES. 1

GIOVANI RUFINI
MÉMOIRES D'UN CONSPIRATEUR ITALIEN. 1

VICTORIEN SARDOU
LA PERLE NOIRE. 1

Mme SURVILLE (née de Balzac)
LE COMPAGNON DU FOYER. 1

EDMOND TEXIER
LA GRÈCE ET SES INSURRECTIONS, avec carte. 1

A. VERMOREL
DESPERANZA. 1

Dr L. VÉRON
PARIS EN 1860. — LES THÉATRES DE PARIS DE 1806 à 1860, avec gravures. 1

LE DOCTEUR YVAN & CALLERY
L'INSURRECTION EN CHINE, avec portrait et carte. 1

***
MÉMOIRES DE BILBOQUET. 3

ŒUVRES COMPLÈTES
DE
H. DE BALZAC

NOUVELLE ÉDITION, COMPLÈTE EN 45 VOLUMES

à 1 fr. 25 centimes le volume (Chaque volume se vend séparément)

Les œuvres que BALZAC a désignées sous le titre de :
Comédie humaine, forment dans cette édition . . . . . . 40 volumes.
Les Contes drolatiques . . . . 3 —
Le Théâtre, la seule édition complète . . . . 2 —

CLASSIFICATION D'APRÈS LES INDICATIONS DE L'AUTEUR :

COMÉDIE HUMAINE

SCÈNES DE LA VIE PRIVÉE.

Tome 1. — LA MAISON DU CHAT QUI PELOTTE. Le Bal de Sceaux. La Bourse. La Vendetta. Madame Firmiani. Une double Famille.
Tome 2. — LA PAIX DU MÉNAGE. La fausse Maîtresse. Étude de Femme. Autre Étude de Femme. La grande Bretèche. Albert Savarus.
Tome 3. — LES MÉMOIRES DE DEUX JEUNES MARIÉES. Une Fille d'Eve.
Tome 4. — LA FEMME DE TRENTE ANS. La Femme abandonnée. La Grenadière. Le Message. Gobseck.
Tome 5. — LE CONTRAT DE MARIAGE. Un Début dans la Vie.
Tome 6. — MODESTE MIGNON.
Tome 7. — BÉATRIX.
Tome 8. — HONORINE. Le colonel Chabert. La Messe de l'Athée. L'Interdiction. Pierre Grassou.

SCÈNES DE LA VIE DE PROVINCE.

Tome 9. — URSULE MIROUET.
Tome 10. — EUGÉNIE GRANDET.
Tome 11. — LES CÉLIBATAIRES I. Pierrette. Le Curé de Tours.
Tome 12. — LES CÉLIBATAIRES II. Un Ménage de Garçon.
Tome 13. — LES PARISIENS EN PROVINCE. L'illustre Gaudissart. La Muse du département.
Tome 14. — LES RIVALITÉS, La Vieille Fille. Le Cabinet des Antiques.
Tome 15. — LE LYS DANS LA VALLÉE.
Tome 16. — ILLUSIONS PERDUES I. Les deux Poètes. Un Grand homme de province à Paris, 1re partie.
Tome 17. — ILLUSIONS PERDUES, II. Un Grand homme de province, 2e partie. Eve et David.

SCÈNES DE LA VIE PARISIENNE.

Tome 18. — SPLENDEURS ET MISÈRES DES COURTISANES. Esther heureuse. A combien l'amour revient aux Vieillards. Où mènent les mauvais chemins.
Tome 19. — LA DERNIÈRE INCARNATION DE VAUTRIN. Un Prince de la Bohême. Un Homme d'affaires. Gaudissart II. Les Comédiens sans le savoir.

Tome 20. — HISTOIRE DES TREIZE. Ferragus. La Duchesse de Langeais. La Fille aux yeux d'or.
Tome 21. — LE PÈRE GORIOT.
Tome 22. — CÉSAR BIROTTEAU.
Tome 23. — LA MAISON NUCINGEN. Les Secrets de la princesse de Cadignan. Les Employés. Sarrasine. Facino Cane.
Tome 24. — LES PARENTS PAUVRES, I. La Cousine Bette.
Tome 25. — LES PARENTS PAUVRES, II. Le Cousin Pons.

SCÈNES DE LA VIE POLITIQUE

Tome 26. — UNE TÉNÉBREUSE AFFAIRE. Un Épisode sous la Terreur.
Tome 27. — L'ENVERS DE L'HISTOIRE CONTEMPORAINE. Madame de la Chanterie. L'Initié. Z. Marcas.
Tome 28. — LE DÉPUTÉ D'ARCIS.

SCÈNES DE LA VIE MILITAIRE

Tome 29. — LES CHOUANS. Une Passion dans le Désert.

SCÈNES DE LA VIE DE CAMPAGNE

Tome 30. — LE MÉDECIN DE CAMPAGNE.
Tome 31. — LE CURÉ DE VILLAGE.
Tome 32. — LES PAYSANS.

ÉTUDES PHILOSOPHIQUES

Tome 33. — LA PEAU DE CHAGRIN.
Tome 34. — LA RECHERCHE DE L'ABSOLU. Jésus-Christ en Flandre. Melmoth réconcilié. Le Chef-d'œuvre inconnu.
Tome 35. — L'ENFANT MAUDIT. Gambara. Massimilia Doni.
Tome 36. — LES MARANA. Adieu. Le Réquisitionnaire. El Verdugo. Un Drame au bord de la mer. L'Auberge rouge. L'Elixir de longue vie. Maître Cornélius.
Tome 37. — SUR CATHERINE DE MÉDICIS. Le Martyr calviniste. La confidence des Ruggieri. Les deux rêves.
Tome 38. — LOUIS LAMBERT. Les Proscrits. Seraphita.

ÉTUDES ANALYTIQUES

Tome 39. — PHYSIOLOGIE DU MARIAGE.
Tome 40. — PETITES MISÈRES DE LA VIE CONJUGALE.

CONTES DROLATIQUES

Tome 41. 1er *dixain*. — LA BELLE IMPÉRIA. Le Péché véniel. La mye du roy.

L'Héritier du diable. Les Joyeulsetés du roy Ioys le unziesme. La Connestable. La Pucelle de Thilhouse. Le Frere d'armes. Le Curé d'Azay-le-Rideau. L'Apostrophe.

Tome 42. 2e *dixain*. — LES TROIS CLERCS DE SAINT-NICHOLAS. Le jeusne de Françoys premier. Les bons proupos des religieuses de Poissy. Comment feut Basty le chasteau d'Azay. La faulse courtisane. Le dangier d'estre trop cocquebin. La chiere nuictée d'amour. Le prosne du joyeulx curé de Meudon. Le Succube. Désespérance d'amour.

Tome 43. 3me *dixain*. — Persévérance d'amour. D'ung iusticiard qui ne se remembroyt les chouses. Sur le moyne Amador, qui feut un glorieux abbé de Turpenay. Berthe la repentie. Comment la belle fille de Portillon quinaulda son iuge. Cy est remonstré que la fortune est toujours femelle. D'ung paouvre qui avoyt nom le vieulx par-chemins. Dires incongrus de trois pèlerins. Naïveté. La belle impéria mariée.

THÉATRE

Tome 44. — VAUTRIN, drame en 5 actes. Les Ressources de Quinola, comédie en 5 actes et un prologue. Paméla Giraud, pièce en 5 actes.

Tome 45. — LA MARATRE, drame intime en 5 actes et 8 tableaux. Le Faiseur (Mercadet), comédie en 5 actes (entièrement conforme au manuscrit de l'auteur.)

OUVRAGES DE DIVERS FORMATS

GEORGES BELL fr. c.
LE MIROIR DE CAGLIOSTRO (Hypnotisme). — 1 vol. in-18. . . . . 1 »

J. BRUNTON
LES 40 PRÉCEPTES DU JEU DE WHIST. 1 50

EUGÈNE CHAPUS
MANUEL DE L'HOMME ET DE LA FEMME COMME IL FAUT. — 1 vol. in-18. . 1 »

CHARLES CLÉMENT
MICHEL-ANGE, LÉONARD DE VINCI, RAPHAEL, avec Catalogues raisonnés, historiques et bibliographiques. — 1 gros vol. in-18. . . . 5 »

LOUIS JOURDAN
LES PRIÈRES DE LUDOVIC. — 1 v. in-32 1 »

LASSABATHIE
Administrateur du Conservatoire
HISTOIRE DU CONSERVATOIRE IMPÉRIAL DE MUSIQUE ET DE DÉCLAMATION, suivie de documents recueillis et mis en ordre. — 1 vol. grand in-18. . . . . 5 »

AUGUSTE LUCHET
LA CÔTE D'OR A VOL D'OISEAU. — 1 v. grand in-18. . . . . 2 »
LA SCIENCE DU VIN. — 1 v. gr. in-18. 2 50

CÉLESTE MOGADOR fr. c.
MÉMOIRES COMPLETS. — 4 v. gr. in-18 10 »

P. MORIN fr. c.
COMMENT L'ESPRIT VIENT AUX TABLES. — 1 vol. in-18. . . . . . 1 50

LE PRINCE DE LA MOSKOWA
LE SIÈGE DE VALENCIENNES, 1 vol. in-18, avec carte. . . . . 1 »

A. PEYRAT
UN NOUVEAU DOGME, histoire de l'Immaculée Conception. — 1 vol. in-18 1 »

LE DOCTEUR RAULAND
LE LIVRE DES ÉPOUX. — Guide pour la guérison de l'Impuissance, de la Stérilité et de toutes les maladies des organes génitaux. — 1 fort vol. gr. in-18. . . . . . 4 »

LE Dr FÉLIX ROUBAUD
Inspect. des Eaux min. de Pougues (Nièvre)
LA DANSE DES TABLES, Phénomènes phisiologiques démontrés, avec gravure explicative. — 2e *édition*. — 1 vol. in-18. . . . . . 1 »
LES EAUX MINÉRALES DE LA FRANCE. Guide du médecin praticien et du malade. — 1 fort vol. gr. in-18 broché, 4 fr. ; relié . . . . . 5 »

Mme ADAM SALOMON
DE L'ÉDUCATION D'APRÈS PANHORIPAN. — 1 joli vol. in-32. . . . . 1 »

ÉTUDES CONTEMPORAINES
Format in-18

ODILON BARROT
DE LA CENTRALISATION ET DE SES EFFETS. — 1 vol. . . . . . 1 »

LE PRINCE A. DE BROGLIE
UNE RÉFORME ADMINISTRATIVE EN AFRIQUE. — 1 vol. 1 50

ÉDOUARD DELPRAT
L'ADMINISTRATION ET LA PRESSE. 1 v. 1 »

A. GERMAIN
MARTYROLOGE DE LA PRESSE. 1 vol. 2 50

LE COMTE D'HAUSSONVILLE
LETTRE AU SÉNAT. — 1 vol. . . . 1 »

LÉONCE DE LAVERGNE
LA CONSTITUTION DE 1852 ET LE DÉCRET DU 24 NOVEMBRE. — 1 vol. 1 »

ED. DE SONNIER
LES DROITS POLITIQUES DANS LES ÉLECTIONS. — Manuel de l'Électeur et du Candidat. — 1 vol. . . 1 »

***
LA LIBERTÉ RELIGIEUSE ET LA LÉGISLATION ACTUELLE. — 1 vol. . . 1 »

LIBRAIRIE DE MICHEL LÉVY FRÈRES.

COLLECTION MICHEL LÉVY
ET BIBLIOTHÈQUE DE LA LIBRAIRIE NOUVELLE
1 franc le volume grand in-18 de 350 à 400 pages

AMÉDÉE ACHARD — vol.
BRUNES ET BLONDES. 1
LA CHASSE ROYALE. 2
LES DERNIÈRES MARQUISES. 1
LES FEMMES HONNÊTES. 1
PARISIENNES ET PROVINCIALES. 1
LES PETITS FILS DE LOVELACE. 1
LES RÊVEURS DE PARIS. 1
LA ROBE DE NESSUS. 1

ACHIM D'ARNIM
Traduction Th. Gautier fils.
CONTES BIZARRES. 1

ADOLPHE ADAM
SOUVENIRS D'UN MUSICIEN. 1
DERNIERS SOUVENIRS D'UN MUSICIEN. . . 1

GUSTAVE D'ALAUX
L'EMPEREUR SOULOUQUE ET SON EMPIRE . 1

***
MADAME LA DUCHESSE D'ORLÉANS, HÉ-
LÈNE DE MECKLEMBOURG-SCHWERIN. . 1

***
SOUVENIRS D'UN OFFICIER DU 2ᵉ DE
ZOUAVES. 1

ALFRED ASSOLLANT
HISTOIRE FANTASTIQUE DE PIERROT. . . 1

XAVIER AUBRYET
LA FEMME DE VINGT-CINQ ANS. 1

ÉMILE AUGIER
POÉSIES COMPLÈTES. 1

***
LES ZOUAVES ET LES CHASSEURS A PIED. 1

J. AUTRAN
MILIANAH (épisode des guerres d'Afriq.). 1

THÉODORE DE BANVILLE
ODES FUNAMBULESQUES. 1

CHARLES BARBARA
HISTOIRES ÉMOUVANTES. 1

J. BARBEY D'AUREVILLY
L'AMOUR IMPOSSIBLE. 1
L'ENSORCELÉE. 1

ROGER DE BEAUVOIR
AVENTURIÈRES COURTISANES. 1
LE CABARET DES MORTS. 1

ROGER DE BEAUVOIR (Suite) — vol.
LE CHEVALIER DE CHARNY. 1
LE CHEVALIER DE SAINT-GEORGES. . . . 1
HISTOIRES CAVALIÈRES. 1
LA LESCOMBAT. 1
MADEMOISELLE DE CHOISY. 1
LE MOULIN D'HEILLY. 1
LE PAUVRE DIABLE. 1
LES SOIRÉES DU LIDO. 1
LES TROIS ROHAN. 1

Mme ROGER DE BEAUVOIR
CONFIDENCES DE MADᵉˡˡᵉ MARS. 1
SOUS LE MASQUE. 1

HENRI BÉCHADE
LA CHASSE EN ALGÉRIE. 1

Mme BEECHER STOWE
Traduction par E. Forcade
SOUVENIRS HEUREUX. 3

GEORGES BELL
SCÈNES DE LA VIE DE CHATEAU. 1

A. DE BERNARD
LE PORTRAIT DE LA MARQUISE. 1

CHARLES DE BERNARD
LES AILES D'ICARE. 1
UN BEAU-PÈRE. 2
L'ÉCUEIL. 1
LE GENTILHOMME CAMPAGNARD. 2
GERFAUT. 1
UN HOMME SÉRIEUX. 1
LE NŒUD GORDIEN. 1
LE PARATONNERRE. 1
LE PARAVENT. 1
LA PEAU DU LION ET LA CHASSE AUX
AMANTS. 1

ÉLIE BERTHET
LA BASTIDE ROUGE. 1
LES CHAUFFEURS. 1
LE DERNIER IRLANDAIS. 1
LA ROCHE TREMBLANTE. 1

Mme CAROLINE BERTON
LE BONHEUR IMPOSSIBLE. 1
ROSETTE. 1

H. BLAZE DE BURY
MUSICIENS CONTEMPORAINS. 1

CH. DE BOIGNE
LES PETITS MÉMOIRES DE L'OPÉRA. . . 1

COLLECTION MICHEL LÉVY — 1 FR. LE VOLUME.

J.-B. BOREDON
vol.
GABRIEL ET FIAMMETTA........ 1

LOUIS BOUILHET
MÉLÆNIS, conte romain.......... 1

RAOUL BRAVARD
L'HONNEUR DES FEMMES........ 1
UNE PETITE VILLE............. 1
LA REVANCHE DE GEORGES DANDIN... 1

A. DE BRÉHAT
BRAS D'ACIER................. 1
SCÈNES DE LA VIE CONTEMPORAINE.. 1

MAX BUCHON
EN PROVINCE................. 1

ÉMILIE CARLEN
Traduction Marie Souvestre
DEUX JEUNES FEMMES........... 1

LOUIS DE CARNÉ
UN DRAME SOUS LA TERREUR...... 1

ÉMILE CARREY
L'AMAZONE. — 8 JOURS SOUS L'ÉQUATEUR 1
— LES MÉTIS DE LA SAVANE. 1
— LES RÉVOLTÉS DU PARA. 1
HISTOIRE ET MŒURS KABYLES...... 1
RÉCITS DE LA KABYLIE.......... 1
SCÈNES DE LA VIE EN ALGÉRIE..... 1

HIPPOLYTE CASTILLE
HISTOIRES DE MÉNAGE........... 1

CÉLESTE DE CHABRILLAN
LA SAPHO.................... 1
LES VOLEURS D'OR............. 1

CHAMPFLEURY
LES AMOUREUX DE SAINTE-PÉRINE... 1
AVENTURES DE MADEMOISELLE MARIETTE. 1
LES BOURGEOIS DE MOLINCHART.... 1
CHIEN-CAILLOU................ 1
LES EXCENTRIQUES............. 1
LES PREMIERS BEAUX JOURS...... 1
LE RÉALISME.................. 1
LES SENSATIONS DE JOSQUIN..... 1
LES SOUFFRANCES DU PROFESSEUR DELTEIL. 1
SOUVENIRS DES FUNAMBULES..... 1
L'USURIER BLAIZOT............. 1

EUGÈNE CHAPUS
LES SOIRÉES DE CHANTILLY....... 1

PHILARÈTE CHASLES
SOUVENIRS D'UN MÉDECIN........ 1
LE VIEUX MÉDECIN (*suite aux Souvenirs d'un médecin*)...... 1

GUSTAVE CLAUDIN
POINT ET VIRGULE.............. 1

Mme LOUISE COLET
QUARANTE-CINQ LETTRES DE BÉRANGER 1

HENRI CONSCIENCE
Traduction Léon Wocquier
AURÉLIEN.................... 2
BATAVIA..................... 1
LE DÉMON DE L'ARGENT......... 1

HENRI CONSCIENCE (suite)
vol.
LE FLÉAU DU VILLAGE........... 1
LE GENTILHOMME PAUVRE........ 1
LA GUERRE DES PAYSANS........ 1
HEURES DU SOIR............... 1
LE LION DE FLANDRE........... 2
LA MÈRE JOB.................. 1
L'ORPHELINE.................. 1
SCÈNES DE LA VIE FLAMANDE..... 2
SOUVENIRS DE JEUNESSE........ 1
LE TRIBUN DE GAND............ 2
VEILLÉES FLAMANDES........... 1

ARTHUR CURNILLON
MATHÉUS..................... 1

CUVILLIER-FLEURY
VOYAGES ET VOYAGEURS......... 1

LA COMTESSE DASH
LES BALS MASQUÉS............. 1
LA CHAINE D'OR................ 1
LES CHATEAUX EN AFRIQUE...... 1
LES DEGRÉS DE L'ÉCHELLE....... 1
LA DUCHESSE D'ÉPONNES........ 1
LE FRUIT DÉFENDU............. 1
LES GALANTERIES DE LA COUR DE LOUIS XV 4
LA RÉGENCE................ 1
LA JEUNESSE DE LOUIS XV.... 1
LES MAITRESSES DU ROI...... 1
LE PARC AUX CERFS......... 1
LE JEU DE LA REINE............ 1
LA MARQUISE DE PARABÈRE..... 1
LA MARQUISE SANGLANTE....... 1
LA POUDRE ET LA NEIGE......... 1
LE SALON DU DIABLE........... 1

LE GÉNÉRAL DAUMAS
LES CHEVAUX DU SAHARA........ 1
LE GRAND DÉSERT.............. 1

ÉDOUARD DELESSERT
VOYAGE AUX VILLES MAUDITES.... 1

PAUL DELTUF
AVENTURES PARISIENNES........ 1
LES PETITS MALHEURS D'UNE JEUNE FEMME..................... 1

PAUL DHORMOYS
UNE VISITE CHEZ SOULOUQUE.... 1

CHARLES DICKENS
Traduction A. Pichot
CONTES DE NOEL............... 1
LE NEVEU DE MA TANTE......... 2

OCTAVE DIDIER
UNE FILLE DE ROI.............. 1
MADAME GEORGES.............. 1

MAXIME DUCAMP
MÉMOIRES D'UN SUICIDÉ......... 1
LE SALON DE 1857.............. 1
LES SIX AVENTURES............ 1

ALEXANDRE DUMAS
AMAURY..................... 1
ANGE PITOU.................. 2
ASCANIO..................... 2
AVENTURES DE JOHN DAVYS..... 2

ALEXANDRE DUMAS (Suite). vol.

LES BALEINIERS	2
LE BATARD DE MAULÉON	3
BLACK	1
LA BOUILLIE DE LA COMTESSE BERTHE	1
LA BOULE DE NEIGE	1
BRIC-A-BRAC	2
UN CADET DE FAMILLE	3
LE CAPITAINE PAMPHILE	1
LE CAPITAINE PAUL	1
LE CAPITAINE RICHARD	1
CATHERINE BLUM	1
CAUSERIES	2
CÉCILE	1
CHARLES LE TÉMÉRAIRE	2
LE CHASSEUR DE SAUVAGINE	1
LE CHATEAU D'EPPSTEIN	1
LE CHEVALIER D'HARMENTAL	2
LE CHEVALIER DE MAISON-ROUGE	2
LE COLLIER DE LA REINE	3
LE COMTE DE MONTE-CRISTO	6
LA COMTESSE DE CHARNY	6
LA COMTESSE DE SALISBURY	2
CONSCIENCE L'INNOCENT	2
LA DAME DE MONSOREAU	3
LES DEUX DIANE	3
DIEU DISPOSE	2
LES DRAMES DE LA MER	1
LA FEMME AU COLLIER DE VELOURS	1
FERNANDE	1
UNE FILLE DU RÉGENT	1
LES FRÈRES CORSES	1
GABRIEL LAMBERT	1
GAULE ET FRANCE	1
GEORGES	1
UN GIL BLAS EN CALIFORNIE	1
LA GUERRE DES FEMMES	2
HISTOIRE D'UN CASSE-NOISETTE	1
L'HOROSCOPE	1
IMPRESSIONS DE VOYAGE. — SUISSE	3
— UNE ANNÉE A FLORENCE	1
— L'ARABIE HEUREUSE	3
— LES BORDS DU RHIN	2
— LE CAPITAINE ARÉNA	2
— DE PARIS A CADIX	2
— QUINZE JOURS AU SINAI	1
— LE SPÉRONARE	2
— LE VÉLOCE	2
INGÉNUE	2
ISABEL DE BAVIÈRE	2
ITALIENS ET FLAMANDS	2
JANE	1
JEHANNE LA PUCELLE	1
LES LOUVES DE MACHECOUL	3
LA MAISON DE GLACE	2
LE MAITRE D'ARMES	1
LES MARIAGES DU PÈRE OLIFUS	1
LES MÉDICIS	1
MÉMOIRES DE GARIBALDI	2
MÉMOIRES D'UNE AVEUGLE	1
MÉMOIRES D'UN MÉDECIN (BALSAMO)	5
LE MENEUR DE LOUPS	1
LES MILLE ET UN FANTOMES	1
LES MOHICANS DE PARIS	4
LES MORTS VONT VITE	2
NAPOLÉON	1
UNE NUIT A FLORENCE	1

ALEXANDRE DUMAS (Suite). vol.

OLYMPE DE CLÈVES	3
LE PAGE DU DUC DE SAVOIE	2
LE PASTEUR D'ASHBOURN	2
PAULINE ET PASCAL BRUNO	2
LE PÈRE GIGOGNE	2
LE PÈRE LA RUINE	1
LA PRINCESSE FLORA	1
LES QUARANTE-CINQ	3
LA REINE MARGOT	2
LA ROUTE DE VARENNES	1
SALVATOR	4
SOUVENIRS D'ANTONY	1
SULTANETTA	1
SYLVANDIRE	1
LE TESTAMENT DE M. CHAUVELIN	1
TROIS MAITRES	2
LES TROIS MOUSQUETAIRES	2
LE TROU DE L'ENFER	1
LA TULIPE NOIRE	1
LE VICOMTE DE BRAGELONNE	6
LA VIE AU DÉSERT	2
UNE VIE D'ARTISTE	1
VINGT ANS APRÈS	3

ALEXANDRE DUMAS FILS

ANTONINE	1
AVENTURES DE QUATRE FEMMES	1
LA BOITE D'ARGENT	1
LA DAME AUX CAMÉLIAS	1
LA DAME AUX PERLES	1
DIANE DE LYS	1
LE DOCTEUR SERVANS	1
LE RÉGENT MUSTEL	1
LE ROMAN D'UNE FEMME	1
TROIS HOMMES FORTS	1
LA VIE A VINGT ANS	1

HENRI DUPIN

CINQ COUPS DE SONNETTE	1

MISS EDGEWORTH
Traduction Jousselin.

DEMAIN	1

GABRIEL D'ENTRAGUES

HISTOIRES D'AMOUR ET D'ARGENT	1

ERCKMANN-CHATRIAN

L'ILLUSTRE DOCTEUR MATHÉUS	1

XAVIER EYMA

AVENTURIERS ET CORSAIRES	1
LES FEMMES DU NOUVEAU MONDE	1
LES PEAUX NOIRES	1
LES PEAUX ROUGES	1
LE ROI DES TROPIQUES	1
LE TRONE D'ARGENT	1

PAUL FÉVAL

ALIZIA PAULI	1
LES AMOURS DE PARIS	2
LE BERCEAU DE PARIS	1
BLANCHEFLEUR	3
LE BOSSU OU LE PETIT PARISIEN	3
LE CAPITAINE SIMON	1

COLLECTION MICHEL LÉVY. — 1 FR. LE VOLUME.

PAUL FÉVAL (Suite).
	vol.
LES COMPAGNONS DU SILENCE.	3
LES DERNIÈRES FÉES.	1
LES FANFARONS DU ROI.	1
LE FILS DU DIABLE.	4
LE TUEUR DE TIGRES.	1

GUSTAVE FLAUBERT
MADAME BOVARY.	2

PAUL FOUCHER
LA VIE DE PLAISIR.	1

ARNOULD FRÉMY
LES CONFESSIONS D'UN BOHÉMIEN.	1
LES MAÎTRESSES PARISIENNES.	2

GALOPPE D'ONQUAIRE
LE DIABLE BOITEUX A PARIS.	1
LE DIABLE BOITEUX EN PROVINCE.	1
LE DIABLE BOITEUX AU VILLAGE.	1

THÉOPHILE GAUTIER
L'ART MODERNE.	1
LES BEAUX-ARTS EN EUROPE.	2
CONSTANTINOPLE.	1
LES GROTESQUES.	1

JULES GÉRARD
LA CHASSE AU LION, *orné de 12 gravures de G. Doré.*	1

GÉRARD DE NERVAL
LA BOHÈME GALANTE.	1
LES FILLES DU FEU.	1
LE MARQUIS DE FAYOLLE.	1
SOUVENIRS D'ALLEMAGNE.	1

FULGENCE GIRARD
UN CORSAIRE SOUS L'EMPIRE.	1

ÉMILE DE GIRARDIN
ÉMILE.	1

Mme ÉMILE DE GIRARDIN
CONTES D'UNE VIEILLE FILLE A SES NEVEUX.	1
LA CROIX DE BERNY (*en société avec Th. Gautier, Méry et Jules Sandeau*).	1
MARGUERITE.	1
M. LE MARQUIS DE PONTANGES.	1
NOUVELLES : Le Lorgnon. — La Canne de M. de Balzac. — Il ne faut pas jouer avec la douleur.	1
POÉSIES COMPLÈTES.	1
LE VICOMTE DE LAUNAY. — Lettres parisiennes. — *Édition complète*.	4

LÉON GOZLAN
LE BARIL DE POUDRE D'OR.	1
LES CHATEAUX DE FRANCE.	2
LA COMÉDIE ET LES COMÉDIENS.	1
LA DERNIÈRE SŒUR GRISE.	1

LÉON GOZLAN (Suite).
	vol.
LE DRAGON ROUGE.	1
LES ÉMOTIONS DE POLYDORE MARASQUIN.	1
LA FAMILLE LAMBERT.	1
LA FOLLE DU LOGIS.	1
HISTOIRE DE 130 FEMMES.	1
LE MÉDECIN DU PECQ.	1
LE NOTAIRE DE CHANTILLY.	4
LES NUITS DU PÈRE LACHAISE.	1
LE TAPIS VERT.	1

Mme MANOEL DE GRANDFORT
L'AUTRE MONDE.	1

GRANIER DE CASSAGNAC
DANAÉ.	1
LA REINE DES PRAIRIES.	1

LÉON HILAIRE
NOUVELLES FANTAISISTES.	1

HILDEBRAND
Traduction Léon Wocquier
LA CHAMBRE OBSCURE.	1
SCÈNES DE LA VIE HOLLANDAISE.	1

ARSÈNE HOUSSAYE
L'AMOUR COMME IL EST.	1
LES FEMMES COMME ELLES SONT.	1
LES FILLES D'ÈVE.	1
LA PÉCHERESSE.	1
LA VERTU DE ROSINE.	1

CHARLES HUGO
LA BOHÊME DORÉE.	2
LA CHAISE DE PAILLE.	1

FRANÇOIS VICTOR HUGO
Traducteur
LE FAUST ANGLAIS DE MARLOWE.	1
SONNETS DE SHAKSPEARE.	1

F. HUGONNET
SOUVENIRS D'UN CHEF DE BUREAU ARABE.	1

JULES JANIN
L'ANE MORT.	1
LE CHEMIN DE TRAVERSE.	1
UN CŒUR POUR DEUX AMOURS.	1
LA CONFESSION.	1
CONTES FANTASTIQUES.	1
CONTES LITTÉRAIRES.	1

CHARLES JOBEY
L'AMOUR D'UN NÈGRE.	1

PAUL JUILLERAT
LES DEUX BALCONS.	1

ALPHONSE KARR
AGATHE ET CÉCILE.	1
LE CHEMIN LE PLUS COURT.	1
CLOTILDE.	1
CLOVIS GOSSELIN.	1

LIBRAIRIE DE MICHEL LÉVY FRÈRES.

ALPHONSE KARR (suite). vol.
CONTES ET NOUVELLES. 1
DEVANT LES TISONS. 1
LES FEMMES. 1
ENCORE LES FEMMES. 1
LA FAMILLE ALAIN. 1
FEU BRESSIER. 1
LES FLEURS. 1
GENEVIÈVE. 1
LES GUÊPES. 6
HORTENSE. 1
MENUS PROPOS. 1
MIDI À QUATORZE HEURES. 1
LA PÊCHE EN EAU DOUCE ET EN EAU SALÉE. 1
LA PÉNÉLOPE NORMANDE. 1
UNE POIGNÉE DE VÉRITÉS. 1
PROMENADES HORS DE MON JARDIN. 1
RAOUL. 1
ROSES NOIRES ET ROSES BLEUES. 1
LES SOIRÉES DE SAINTE-ADRESSE. 1
SOUS LES ORANGERS. 1
SOUS LES TILLEULS. 1
TROIS CENTS PAGES. 1
VOYAGE AUTOUR DE MON JARDIN. 1

KAUFFMANN
BRILLAT LE MENUISIER. 1

LÉOPOLD KOMPERT
Traduction Daniel Stauben
LES JUIFS DE LA BOHÊME. 1
SCÈNES DU GHETTO. 1

DE LACRETELLE
LA POSTE AUX CHEVAUX. 1

Mme LAFARGE
Née Marie Capelle
HEURES DE PRISON. 1

CHARLES LAFONT
LES LÉGENDES DE LA CHARITÉ. 1

STEPHEN DE LA MADELAINE
LE SECRET D'UNE RENOMMÉE. 1

JULES DE LA MADELÈNE
LES AMES EN PEINE. 1
LE MARQUIS DES SAFFRAS. 1

A. DE LAMARTINE
LES CONFIDENCES. 1
GENEVIÈVE, HISTOIRE D'UNE SERVANTE. 1
GRAZIELLA. 1
NOUVELLES CONFIDENCES. 1
TOUSSAINT LOUVERTURE. 1

VICTOR DE LAPRADE
PSYCHÉ. 1

CHARLES DE LA ROUNAT
LA COMÉDIE DE L'AMOUR. 1

THÉOPHILE LAVALLÉE
HISTOIRE DE PARIS. 2

JULES LECOMTE
LE POIGNARD DE CRISTAL. 1

CARLE LEDHUY vol.
LE CAPITAINE D'AVENTURES. 1

LEOUZON LE DUC
L'EMPEREUR ALEXANDRE II. 1

LOUIS LURINE
ICI L'ON AIME. 1

FÉLICIEN MALLEFILLE
LE CAPITAINE LAROSE. 1
MARCEL. 1
MÉMOIRES DE DON JUAN. 1
MONSIEUR CORBEAU. 1

CH. MARCOTTE DE QUIVIÈRES
DEUX ANS EN AFRIQUE, avec une introduction du bibliophile *Jacob*. 1

X. MARMIER
AU BORD DE LA NÉVA. 1
LES DRAMES INTIMES. 1
UNE GRANDE DAME RUSSE. 1
HISTOIRES ALLEMANDES ET SCANDINAVES. 1

LE DOCTEUR FÉLIX MAYNARD
UN DRAME DANS LES MERS BORÉALES. 1
JOURNAL D'UNE DAME ANGLAISE. — De Delhi à Cawnpore. 1
VOYAGES ET AVENTURES AU CHILI. 1

MÉRY
ANDRÉ CHÉNIER. 1
LA CHASSE AU CHASTRE. 1
LE CHATEAU DES TROIS TOURS. 1
LE CHATEAU VERT. 1
UNE CONSPIRATION AU LOUVRE. 1
LES DAMNÉS DE L'INDE. 1
UNE HISTOIRE DE FAMILLE. 1
UNE NUIT DU MIDI. 1
LES NUITS ANGLAISES. 1
LES NUITS D'ORIENT. 1
LES NUITS ESPAGNOLES. 1
LES NUITS ITALIENNES. 1
LES NUITS PARISIENNES. 1
SALONS ET SOUTERRAINS DE PARIS. 1

PAUL MEURICE
SCÈNES DU FOYER (LA FAMILLE AUBRY). 1
LES TYRANS DE VILLAGE. 1

PAUL DE MOLÈNES
AVENTURES DU TEMPS PASSÉ. 1
CARACTÈRES ET RÉCITS DU TEMPS. 1
CHRONIQUES CONTEMPORAINES. 1
HISTOIRES INTIMES. 1
HISTOIRES SENTIMENTALES ET MILITAIRES 1
MÉMOIRES D'UN GENTILHOMME DU SIÈCLE DERNIER. 1

MOLIÈRE
(ŒUVRES COMPLÈTES) *nouvelle édition publiée par* PHILARÈTE CHASLES. 8

Mme MOLINOS-LAFITTE
L'ÉDUCATION DU FOYER. 1

HENRY MONNIER
MÉMOIRES DE M. JOSEPH PRUDHOMME. 1

CHARLES MONSELET
M. DE CUPIDON. 1

LE COMTE DE MOYNIER
	vol.
BOHÉMIENS ET GRANDS SEIGNEURS	1

HÉGÉSIPPE MOREAU
ŒUVRES, avec une notice par *Louis Ratisbonne*	1

FÉLIX MORNAND
BERNERETTE	1
LA VIE ARABE	1

HENRY MURGER
LES BUVEURS D'EAU	1
LE DERNIER RENDEZ-VOUS	1
MADAME OLYMPE	1
LE PAYS LATIN	1
PROPOS DE VILLE ET PROPOS DE THÉATRE	1
LE ROMAN DE TOUTES LES FEMMES	1
SCÈNES DE CAMPAGNE	1
SCÈNES DE LA VIE DE BOHÈME	1
SCÈNES DE LA VIE DE JEUNESSE	1
LE SABOT ROUGE	1
LES VACANCES DE CAMILLE	1

A. DE MUSSET, DE BALZAC, G. SAND
PARIS ET LES PARISIENS	1
LES PARISIENNES A PARIS	1
LE TIROIR DU DIABLE	1

PAUL DE MUSSET
LA BAVOLETTE	1
PUYLAURENS	1

NADAR
LE MIROIR AUX ALOUETTES	1
QUAND J'ÉTAIS ÉTUDIANT	1

HENRI NICOLLE
LE TUEUR DE MOUCHES	1

CHARLES NODIER
Traducteur
LE VICAIRE DE WAKEFIELD	1

ÉDOUARD OURLIAC
LES GARNACHES	1
SUZANNE	1

L. LAURENT-PICHAT
LA PAÏENNE	1

AMÉDÉE PICHOT
UN DRAME EN HONGRIE	1
L'ÉCOLIER DE WALTER SCOTT	1
LA FEMME DU CONDAMNÉ	1
LES POÈTES AMOUREUX	1

PAUL PERRET
LES BOURGEOIS DE CAMPAGNE	1
HISTOIRE D'UNE JOLIE FEMME	1

EDGARD POE
Traduction Ch. Baudelaire
AVENTURES D'ARTHUR GORDON PYM	1
HISTOIRES EXTRAORDINAIRES	1
NOUVELLES HISTOIRES EXTRAORDINAIRES	1

F. PONSARD
ÉTUDES ANTIQUES	1

A. DE PONTMARTIN
	vol.
CONTES D'UN PLANTEUR DE CHOUX	1
CONTES ET NOUVELLES	1
LA FIN DU PROCÈS	1
MÉMOIRES D'UN NOTAIRE	1
OR ET CLINQUANT	1
POURQUOI JE RESTE A LA CAMPAGNE	1

L'ABBÉ PRÉVOST
MANON LESCAUT, précédée d'une Étude par *John Lemoinne*	1

MAX RADIGUET
SOUVENIRS DE L'AMÉRIQUE ESPAGNOLE	1

RAOUSSET-BOULBON
UNE CONVERSION	1

B. H. REVOIL
Traducteur
LE DOCTEUR AMÉRICAIN	1
LES HAREMS DU NOUVEAU MONDE	1

LOUIS REYBAUD
CE QU'ON PEUT VOIR DANS UNE RUE	1
CÉSAR FALEMPIN	1
LA COMTESSE DE MAULÉON	1
LE COQ DU CLOCHER	1
LE DERNIER DES COMMIS-VOYAGEURS	1
ÉDOUARD MONGERON	1
L'INDUSTRIE EN EUROPE	1
JÉRÔME PATUROT à la recherche de la meilleure des Républiques	1
JÉRÔME PATUROT à la recherche d'une position sociale	1
MARIE BRONTIN	1
MATHIAS L'HUMORISTE	1
PIERRE MOUTON	1
LA VIE A REBOURS	1
LA VIE DE CORSAIRE	1

AMÉDÉE ROLLAND
LES MARTYRS DU FOYER	1

NESTOR ROQUEPLAN
REGAIN : LA VIE PARISIENNE	1

JULES DE SAINT-FÉLIX
SCÈNES DE LA VIE DE GENTILHOMME	1
LE GANT DE DIANE	1
MADEMOISELLE ROSALINDE	1

FRANCIS DE SAINT-LARY
LES CHUTES FATALES	1

GEORGE SAND
ADRIANI	1
LE CHATEAU DES DÉSERTES	1
LE COMPAGNON DU TOUR DE FRANCE	2
LA COMTESSE DE RUDOLSTADT	2
CONSUELO	3
LA DANIELLA	2
LA DERNIÈRE ALDINI	1
LE DIABLE AUX CHAMPS	1
LA FILLEULE	1
FRANÇOIS LE CHAMPI	1
HISTOIRE DE MA VIE	10
L'HOMME DE NEIGE	3
HORACE	1

GEORGE SAND (Suite)

Titre	vol.
ISIDORA	1
JACQUES	1
JEANNE	1
LELIA. — Métella. — Melchior. — Cora	2
LETTRES D'UN VOYAGEUR	1
LUCREZIA FLORIANI. — Lavinia	1
LES MAITRES SONNEURS	1
LE MEUNIER D'ANGIBAULT	1
NARCISSE	1
LE PÉCHÉ DE M. ANTOINE	2
LA PETITE FADETTE	1
LE PICCININO	2
LE SECRÉTAIRE INTIME	1
SIMON	1
TEVERINO. — Léone Léoni	1
L'USCOQUE	1

JULES SANDEAU

Titre	vol.
CATHERINE	1
NOUVELLES	1
SACS ET PARCHEMINS	1

EUGÈNE SCRIBE

Titre	vol.
NOUVELLES	1
PIQUILLO ALLIAGA	3
THÉATRE (Ouvrage complet)	20
COMÉDIES	3
OPÉRAS	2
OPÉRAS-COMIQUES	5
COMÉDIES-VAUDEVILLES	10

ALBÉRIC SECOND

Titre	vol.
A QUOI TIENT L'AMOUR	1
CONTES SANS PRÉTENTION	1

FRÉDÉRIC SOULIÉ

Titre	vol.
AU JOUR LE JOUR	1
LES AVENTURES DE SATURNIN FICHET	2
LE BANANIER. — EULALIE PONTOIS	1
LE CHATEAU DES PYRÉNÉES	2
LE COMTE DE FOIX	1
LE COMTE DE TOULOUSE	1
LA COMTESSE DE MONRION	1
CONFESSION GÉNÉRALE	2
LE CONSEILLER D'ÉTAT	1
CONTES POUR LES ENFANTS	1
LES DEUX CADAVRES	1
DIANE ET LOUISE	1
LES DRAMES INCONNUS	4
LA MAISON N° 3 DE LA RUE DE PROVENCE	1
AVENTURES D'UN CADET DE FAMILLE	1
LES AMOURS DE VICTOR BONSENNE	1
OLIVIER DUHAMEL	1
UN ÉTÉ A MEUDON	1
LES FORGERONS	1
HUIT JOURS AU CHATEAU	1
LA LIONNE	1
LE MAGNÉTISEUR	1
UN MALHEUR COMPLET	1
MARGUERITE. — LE MAITRE D'ÉCOLE	1
LES MÉMOIRES DU DIABLE	2
LE PORT DE CRÉTEIL	1
LES PRÉTENDUS	1

FRÉDÉRIC SOULIÉ (Suite)

Titre	vol.
LES QUATRE ÉPOQUES	1
LES QUATRE NAPOLITAINES	2
LES QUATRE SŒURS	1
UN RÊVE D'AMOUR. — LA CHAMBRIÈRE	1
SATHANIEL	1
SI JEUNESSE SAVAIT, SI VIEILLESSE POUVAIT	2
LE VICOMTE DE BÉZIERS	1

ÉMILE SOUVESTRE

Titre	vol.
LES ANGES DU FOYER	1
AU BORD DU LAC	1
AU COIN DU FEU	1
CAUSERIES HISTORIQUES ET LITTÉRAIRES	3
CHRONIQUES DE LA MER	1
LES CLAIRIÈRES	1
CONFESSIONS D'UN OUVRIER	1
CONTES ET NOUVELLES	1
DANS LA PRAIRIE	1
LES DERNIERS BRETONS	2
LES DERNIERS PAYSANS	1
DEUX MISÈRES	1
LES DRAMES PARISIENS	1
L'ÉCHELLE DE FEMMES	1
EN FAMILLE	1
EN QUARANTAINE	1
LE FOYER BRETON	2
LA GOUTTE D'EAU	1
HISTOIRES D'AUTREFOIS	1
L'HOMME ET L'ARGENT	1
LA LUNE DE MIEL	1
LE MAT DE COCAGNE	1
LE MÉMORIAL DE FAMILLE	1
LE MENDIANT DE SAINT-ROCH	1
LE MONDE TEL QU'IL SERA	1
LE PASTEUR D'HOMMES	1
LES PÉCHÉS DE JEUNESSE	1
PENDANT LA MOISSON	1
UN PHILOSOPHE SOUS LES TOITS	1
PIERRE ET JEAN	1
RÉCITS ET SOUVENIRS	1
LES RÉPROUVÉS ET LES ÉLUS	2
RICHE ET PAUVRE	1
SCÈNES DE LA CHOUANNERIE	4
SCÈNES DE LA VIE INTIME	1
SCÈNES ET RÉCITS DES ALPES	1
LES SOIRÉES DE MEUDON	1
SOUS LA TONNELLE	1
SOUS LES FILETS	1
SOUS LES OMBRAGES	1
SOUVENIRS D'UN BAS-BRETON	2
SOUVENIRS D'UN VIEILLARD, la dernière étape	1
SUR LA PELOUSE	1
THÉATRE DE LA JEUNESSE	1
TROIS FEMMES	1

MARIE SOUVESTRE

Titre	vol.
PAUL FERROLL, traduit de l'anglais	1

DANIEL STAUBEN

Titre	vol.
SCÈNES DE LA VIE JUIVE EN ALSACE	1

COLLECTION MICHEL LÉVY. — 1 FR. LE VOLUME.

DE STENDHAL (H. BEYLE)
	vol.
DE L'AMOUR	1
CHRONIQUES ET NOUVELLES	1
LA CHARTREUSE DE PARME	1
CHRONIQUES ITALIENNES	1
MÉMOIRES D'UN TOURISTE	2
PROMENADES DANS ROME	2
LE ROUGE ET LE NOIR	1
VIE DE ROSSINI	1

EUGÈNE SUE
	vol.
ADÈLE VERNEUIL	1
LA BONNE AVENTURE	2
CLÉMENCE HERVÉ	1
LES FILS DE FAMILLE	3
GILBERT ET GILBERTE	3
LA GRANDE DAME	1
LES SECRETS DE L'OREILLER	3
LES SEPT PÉCHÉS CAPITAUX	6
L'ORGUEIL	2
L'ENVIE. — LA COLÈRE	2
LA LUXURE. — LA PARESSE	1
L'AVARICE. — LA GOURMANDISE	1

Mme DE SURVILLE
	vol.
BALZAC, SA VIE ET SES ŒUVRES	1

FRANÇOIS TALON
	vol.
LES MARIAGES MANQUÉS	1

E. TEXIER
	vol.
AMOUR ET FINANCE	1

WILLIAM THACKERAY
Traduction W. Hugues.
	vol.
LES MÉMOIRES D'UN VALET DE PIED	1

LOUIS ULBACH
	vol.
L'HOMME AUX CINQ LOUIS D'OR	1
LES SECRETS DU DIABLE	1
SUZANNE DUCHEMIN	1
LA VOIX DU SANG	1

JULES DE WAILLY FILS
	vol.
SCÈNES DE LA VIE DE FAMILLE	1

OSCAR DE VALLÉE
	vol.
LES MANIEURS D'ARGENT	1

VALOIS DE FORVILLE
	vol.
LE COMTE DE SAINT-POL	1
LE CONSCRIT DE L'AN VIII	1
LE MARQUIS DE PAZAVAL	1

MAX VALREY
	vol.
LES FILLES SANS DOT	1
MARTHE DE MONBRUN	1

V. VERNEUIL
	vol.
MES AVENTURES AU SÉNÉGAL	1

LE DOCTEUR L. VÉRON
	vol.
CINQ CENT MILLE FRANCS DE RENTE	1
MÉMOIRES D'UN BOURGEOIS DE PARIS	5

FRANCIS WEY
	vol.
LES ANGLAIS CHEZ EUX	1
LONDRES IL Y A CENT ANS	1

BIBLIOTHÈQUE DES VOYAGEURS

1 FRANC LE VOLUME

Jolis volumes format in-32, papier vélin.

ÉMILE AUGIER — vol.
LES PARIÉTAIRES, poésies. 1

THÉODORE DE BANVILLE
ODELETTES. 1
LES PAUVRES SALTIMBANQUES. 1
LA VIE D'UNE COMÉDIENNE. 1

CHARLES DE BERNARD
LE PARATONNERRE. 1

HENRI CONSCIENCE
LE CONSCRIT. 1

CHARLES DESMAZE
MAURICE QUENTIN DE LA TOUR, peintre du roi Louis XV. 1

ALEXANDRE DUMAS FILS
CE QUE L'ON VOIT TOUS LES JOURS. . 1

A. DE LAMARTINE
LES VISIONS. 1

ALFRED DE LÉRIS
MES VIEUX AMIS. 1
TROIS NOUVELLES ET UN CONTE. . . . 1

ALBERT LHERMITE
UN SCEPTIQUE S'IL VOUS PLAIT. . . . 1

Mme MANNOURY-LACOUR — vol.
ASPHODÈLES. 1
SOLITUDES. — 2e édition. 1

MÉRY
ANGLAIS ET CHINOIS. 1
HISTOIRE D'UNE COLLINE. 1

HENRY MURGER
BALLADES ET FANTAISIES. 1
PROPOS DE VILLE ET PROPOS DE THÉATRE. 1

F. PONSARD
HOMÈRE, poème. 1

JULES SANDEAU
LE CHATEAU DE MONTSABREY. 1
OLIVIER. 1

*
HISTOIRE PHILOSOPHIQUE, ANECDOTIQUE ET CRITIQUE DE LA CRAVATE ET DU COL. 1

**
PARIS CHEZ MUSARD. 1

COLLECTION A 50 CENTIMES LE VOLUME

Format grand in-32, sur beau papier vélin.

UN ASTROLOGUE — vol.
LA COMÈTE ET LE CROISSANT, présages et prophéties sur la Guerre d'Orient 1

GUSTAVE CLAUDIN
PALSAMBLEU. 1

Mme LOUISE COLET
QUATRE POËMES COURONNÉS PAR L'ACADÉMIE. 1

ALEXANDRE DUMAS
LA JEUNESSE DE PIERROT, conte de fée 1
MARIE DORVAL. 1

HENRY DE LA MADELÈNE
GERMAIN BARBEBLEUE. 1

MÉRY
LES AMANTS DU VÉSUVE. 1

MICHELET
POLOGNE ET RUSSIE. 1

LÉON PAILLET — vol.
VOLEURS ET VOLÉS. 1

PETIT-SENN
BLUETTES ET BOUTADES. 1

NESTOR ROQUEPLAN
LES COULISSES DE L'OPÉRA. 1

AURÉLIEN SCHOLL
CLAUDE LE BORGNE. 1

EDMOND TEXIER
UNE HISTOIRE D'HIER. 1

H. DE VILLEMESSANT
LES CANCANS. 1

WARNER
SCHAMYL, le Prophète du Caucase. . 1

COLLECTION HETZEL ET LÉVY
1 FRANC LE VOLUME
Jolis volumes format in-32, papier vélin.

ÉMILE AUGIER vol.
THÉATRE COMPLET :
  La Ciguë. — Gabrielle. — Un Homme de bien. — Philiberte. — L'Aventurière. — Le Joueur de flûte. — Diane. — Ceinture dorée. — La Pierre de touche. — Le Gendre de M. Poirier. — Les Méprises de l'amour. — Les Pariétaires. 6

BAISSAC
LES FEMMES DANS LES TEMPS ANCIENS. 1
LES FEMMES DANS LES TEMPS MODERNES. 1

H. DE BALZAC
LES FEMMES. 1
MAXIMES ET PENSÉES. 1

A. DE BELLOY
PHYSIONOMIES CONTEMPORAINES 1
PORTRAITS ET SOUVENIRS 1

ALFRED BOUGEARD
LES MORALISTES OUBLIÉS 1

A. DE BRÉHAT
LE CHATEAU DE KERMARIA. 1
UN DRAME A CALCUTTA. 1
SÉRAPHINA DARISPE. 1

CHAMPFLEURY
M. DE BOISDHYVER. 3

ÉMILE DESCHANEL
LE BIEN QU'ON A DIT DE L'AMOUR. . . 1
LE BIEN ET LE MAL QU'ON A DIT DES ENFANTS. 1
LE BIEN QU'ON A DIT DES FEMMES. . . 1
LES COURTISANES GRECQUES. 1
HISTOIRE DE LA CONVERSATION. . . . 1
LE MAL QU'ON A DIT DE L'AMOUR. . . 1
LE MAL QU'ON A DIT DES FEMMES. . . 1

XAVIER EYMA
EXCENTRICITÉS AMÉRICAINES. 1

THÉOPHILE GAUTIER
AVATAR 1
JETTATURA. 1

GŒTHE
Traduction Édouard Grenier.
LE RENARD 1

OLIVIER GOLDSMITH
Traduction Alphonse Esquiros.
VOYAGE D'UN CHINOIS EN ANGLETERRE. 1

LÉON GOZLAN
BALZAC EN PANTOUFLES. 1
LES MAITRESSES A PARIS. 1
UNE SOIRÉE DANS L'AUTRE MONDE. . . 1

LE COMTE F. DE GRAMMONT vol.
COMMENT ON SE MARIE. 1
COMMENT ON VIENT ET COMMENT ON S'EN VA. 1

CHARLES JOLIET
L'ESPRIT DE DIDEROT. 1

LAURENT JAN
MISANTHROPIE SANS REPENTIR. 1

JULES JANIN
LA COMTESSE D'EGMONT. 1

E. DE LA BÉDOLLIÈRE
HISTOIRE DE LA MODE EN FRANCE. . . 1

LARCHER ET JULLIEN
CE QU'ON A DIT DE LA FIDÉLITÉ ET DE L'INFIDÉLITÉ. 1

HENRY MONNIER
LES BOURGEOIS AUX CHAMPS. 1
COMÉDIES BOURGEOISES. 1
CROQUIS A LA PLUME. 1
GALERIE D'ORIGINAUX 1
LES PETITES GENS. 1
SCÈNES PARISIENNES. 1

CHARLES MONSELET
LA CUISINIÈRE POÉTIQUE. 1
LE MUSÉE SECRET DE PARIS. 1

ALFRED DE MUSSET
Mlle MIMI PINSON. 1
VOYAGE OU IL VOUS PLAIRA 1

EUGÈNE NOEL
RABELAIS. 1
LA VIE DES FLEURS ET DES FRUITS . 1

LOUIS RATISBONNE
AU PRINTEMPS DE LA VIE. 1

P. J. STAHL
DE L'AMOUR ET DE LA JALOUSIE. . . . 1
LES BIJOUX PARLANTS. 1
L'ESPRIT DES FEMMES ET LES FEMMES D'ESPRIT. 1
L'ESPRIT DE VOLTAIRE. 1
HISTOIRE D'UN PRINCE ET D'UNE PRINCESSE, souvenirs de Spa. 1

LOUIS ULBACH
L'HOMME AUX CINQ LOUIS D'OR 2

OUVRAGES ILLUSTRÉS

VOYAGES DANS LES MERS DU NORD
A BORD DE LA CORVETTE LA REINE-HORTENSE

Par CHARLES EDMOND, avec des notes scientifiques communiquées par les membres de l'expédition. — 1 vol. grand in-8, illustré de vignettes, de culs-de-lampe et de têtes de chapitres dessinés par KARL GIRARDET, d'après CH. GIRAUD, avec la carte du voyage et la carte géologique de l'Islande. **Prix : 30 fr.**

L'ASSEMBLÉE NATIONALE COMIQUE

180 dessins inédits de CHAM, texte par A. LIREUX. — 1 vol. très-grand in-8. Prix, broché : 14 fr; relié en toile, avec plaques spéciales, doré sur tranches. Prix : 20 fr.

JÉROME PATUROT A LA RECHERCHE DE LA MEILLEURE DES RÉPUBLIQUES

Par LOUIS REYBAUD, illustré par TONY JOHANNOT. — 1 vol. très-grand in-8, contenant 160 vignettes dans le texte et 30 types. — Prix : broché, 15 fr.; relié en toile, avec plaques spéciales, doré sur tranches. **Prix : 20 fr.**

LE FAUST DE GŒTHE

Traduction revue et complète, précédée d'un Essai sur Gœthe, par HENRI BLAZE; édition illustrée de 9 vignettes de TONY JOHANNOT et d'un nouveau portrait de Gœthe, gravé sur acier par LANGLOIS, et tirés sur papier de Chine. — 1 vol. gr. in-8. Prix : broché, 8 fr.; relié en toile, avec plaq., doré sur tranches. Prix : 12 fr.

THÉATRE COMPLET DE VICTOR HUGO

1 vol. gr. in-8, orné du portrait de Victor Hugo et de 6 grav. sur acier, d'après les dessins de RAFFET, L. BOULANGER, J. DAVID, etc. — Prix : broché, 6 fr. 50. Demi-reliure chagrin, plats toile, doré sur tranches. **Prix : 11 fr.**

CONTES RÉMOIS

Par le comte DE CHEVIGNÉ. — 4e édition, illustrée de 34 dessins de MEISSONIER. — 1 vol. grand in-18. Prix : 3 fr.; in-8 carré. Prix : 7 fr. 50. — Il reste quelques exemplaires du même ouvrage, tirés sur grand raisin vélin, 20 fr.; sur papier de Hollande, gravures tirées à part sur papier de Chine. **Prix : 60 fr.**

LA COMÉDIE ENFANTINE

Par LOUIS RATISBONNE, illustrée par GOBERT et FROMENT, 2e édition. — 1 vol. gr. in-8°. — Prix : broché, 10 fr.; relié en toile avec plaques spéciales, doré sur tranches. 14 fr.; demi-reliure chagrin, plat toile, doré sur tranches. Prix : 14 fr.

LE RENARD DE GŒTHE

Traduit par ÉDOUARD GRENIER, illustré par KAULBACH. — 1 volume grand in-8°. Prix : broché 10 fr.; demi-reliure chagrin, plat toile, doré sur tranches. Prix : 15 fr.

CONTES BRABANÇONS

Par CHARLES DE COSTER, illustrés par MM. DE GROUX, DE SCHAMPHELEER, DUBWÉE, FÉLICIEN ROPS, VAN CAMP et OTTO VON THOREN, grav. par WILLIAM BROWN. — 1 beau vol. in-8°. **Prix : 5 fr.**

LE 101e RÉGIMENT

Par JULES NORIAC. — 1 volume grand in-16, illustré de 84 dessins. — Prix : 4 fr. 50.

CONTES D'UN VIEIL ENFANT

Par FEUILLET DE CONCHES, 2e édition. Ouvrage imprimé avec le plus grand soin, illustré de 35 gravures sur bois. — 1 vol. grand in-8 jésus, papier de choix, glacé et satiné. Prix : broché, 8 fr. — Richement relié, tranche dorée. **Prix : 12 fr.**

OUVRAGES ILLUSTRÉS.

SCÈNES DU JEUNE AGE

Par Mme SOPHIE GAY, illustrées de 12 belles gravures exécutées avec le plus grand soin. — 1 vol. grand in-8 de plus de 300 pages. Prix : 6 fr. — Id., gravures coloriées : 8 fr. — Relié en toile mosaïque, riche plaque, tranche dorée : 10 fr. — Relié en demi-chagrin, plats en toile, tranche dorée. Prix : 10 fr.

LES AVENTURES DU CHEVALIER JAUFFRE ET DE LA BELLE BRUNISSENDE

Par MARY LAFON, ouvrage splendidement illustré de 20 gravures sur bois tirées à part et dessinées par GUSTAVE DORÉ. — 1 vol. grand in-8 jésus, papier glacé satiné. Prix : 7 fr. 50. — Relié en toile mosaïque, riche plaque, tranche dorée : 12 fr. — Relié en demi-chagrin, plats en toile, tranche dorée. Prix : 12 fr.

LE BOIS DE BOULOGNE

Par E. GOURDON. Magnifique volume in-8, illustré de 16 gravures hors-texte, par E. MORIN. Prix : 10 fr. — Relié, doré sur tranche. Prix : 15 fr.

LA CHASSE AU LION

Par JULES GÉRARD (le *Tueur de lions*). Ornée de 11 belles gravures et d'un portrait dessinés par GUSTAVE DORÉ. — 1 vol. grand in-8 jésus. Prix, broché : 7 fr. 50. — Relié en toile mosaïque, riche plaque spéciale, tranche dorée : 12 fr. — Relié en demi-chagrin, plats toile, tranche dorée. Prix : 12 fr.

CONTES D'UNE VIEILLE FILLE A SES NEVEUX

Par Mme ÉMILE DE GIRARDIN. Illustrés de 14 belles gravures. — 1 vol. grand in-8 de plus de 300 pages. Prix, broché : 6 fr. — Id. avec gravures coloriées : 8 fr. — Relié en toile mosaïque, riche plaque, tranche dorée : 10 fr. — Relié demi-chagrin, plats en toile, tranche dorée. Prix : 10 fr.

FIERABRAS

Par MARY LAFON. Ouvrage imprimé avec le plus grand soin, illustré de 12 gravures sur bois tirées hors texte, dessinées par GUSTAVE DORÉ, et gravées par des artistes anglais. — 1 volume grand in-8 jésus, papier de choix, glacé et satiné. Prix, broché : 7 fr. 50 c. — Relié demi-chagrin, plats en toile, tranche dorée. Prix : 12 fr.

LE ROYAUME DES ENFANTS, SCÈNES DE LA VIE DE FAMILLE

Par Mme MOLINOS-LAFFITTE. Illustré de 12 belles gravures par FATH. — Un volume grand in-8 de plus de 300 pages. Prix : 6 fr. — Id. avec gravures coloriées : 8 fr. — Relié en toile mosaïque, riche plaque, tranche dorée : 10 fr. — Relié demi-chagrin, plats en toile, tranche dorée. Prix : 10 fr.

LA DAME DE BOURBON

Par MARY LAFON. — 1 volume grand in-16, illustré de 45 dessins. — Prix : 3 fr.

NADAR JURY AU SALON DE 1857

1,000 COMPTES RENDUS. — 150 DESSINS. — Prix : 1 fr.

ALBUMS COMIQUES DE CHAM

Chaque Album, avec une jolie couverture gravée, contient 60 dessins d'Actualités.

Prix de chaque Album : 1 franc.

Salmigondis. — Macédoine. — Salon de 1857. — En Vacances. — Saison des Eaux. — Nouvelles pochades. — Croquis de printemps. — Ces bons Chinois. — Les Charges parisiennes. — Cours de géométrie. — Nouvelles fariboles. — Souvenirs comiques — Chasses et courses. — Les Kaiserlicks. — Olla Podrida. — Émotions de chasse. — L'Age d'argent. — Paris s'amuse. — Folies parisiennes. — Un peu de tout. — Fariboles. — Parisiens et Parisiennes. — Croquis variés. — L'Arithmétique illustrée. — Paris l'hiver. — Croquis d'automne. — Ces bons Parisiens. — Nouveaux Croquis de chasse. — Revue du Salon. — Bourse illustrée. — Bal masqué. — Calendrier. — Croquis militaires. — Les Chinoiseries. — Encore un Album. — Promenade à l'Exposition. — Paris l'été. — Leçons de civilité. — Les Français en Chine. — Ces jolis messieurs et ces charmantes petites dames.

LES GRANDES USINES DE FRANCE

Par TURGAN. — *Les grandes Usines de France* paraissent en livraisons de 16 pages grand in-8, ornées de belles gravures et de dessins explicatifs, contenant, imprimée avec luxe sur beau papier satiné, l'histoire et la description d'une des grandes usines de France, ainsi que l'explication détaillée de l'industrie qu'elle représente.

Le 1er VOLUME, entièrement terminé et broché, renfermant 82 belles gravures, comprend :

LES GOBELINS (3 livraisons). — 1re partie : Histoire. — 2e partie : Teinture. — 3e partie : Tapisserie et Tapis.

LES MOULINS DE SAINT-MAUR (1 livraison).

L'IMPRIMERIE IMPÉRIALE (4 livraisons). — Fabrication des caractères, gravure, fonderie, presses, etc.

L'USINE DES BOUGIES DE CLICHY (1 livraison). — Fonderie de suif, stéarinerie, savonnerie, bougie décorée.

LA PAPETERIE D'ESSONNE (4 livraisons). — Historique, commerce de chiffons, triage, lessivage, blanchiment, défilage, raffinage, collage, machines.

SÈVRES (4 liv.). — Historique, poteries anciennes, faïences, origines de la porcelaine en Chine et en France, matières premières, fabrication, encastage, fours, décoration.

L'ORFÈVRERIE CHRISTOFLE (3 livraisons). — Historique, argenture, dorure, galvanoplastie, orfèvrerie, bronze d'aluminium.

On recevra ce volume broché *franco*, par la poste, en envoyant un mandat de 12 fr. — Relié avec tranche dorée : 17 francs.

Les 20 livraisons devant former la deuxième série contiendront, entre autres publications intéressantes : les établissements Derosne et Cail, — la Monnaie, — Saint-Gobain, — la Poudrerie du Bouchet, — la Manufacture des Tabacs, — Savonneries, Fonderies, Filatures, Fermes modèles, etc., etc.

Prix d'une livraison : 60 centimes.

En envoyant 12 francs, soit en un mandat, soit en timbres, on recevra *franco*, en France et en Algérie, les 20 livraisons composant cette deuxième série, au fur et à mesure de la publication ; avec la vingtième livraison, il sera adressé aux abonnés un titre et une couverture, servant à réunir les livraisons en un magnifique volume. La 36me livraison (16me du 2me volume) est en vente.

OEUVRES NOUVELLES DE GAVARNI

10 MAGNIFIQUES ALBUM IN-FOLIO LITHOGRAPHIÉS IMPRIMÉS AVEC LE PLUS GRAND SOIN
PAR LEMERCIER

I. — LES PARTAGEUSES, 40 lithographies. — Broché	16	22 fr.
Reliure toile mosaïque, riche plaque, tranche dorée	6	
II. — LES MARIS ME FONT TOUJOURS RIRE, 30 lithographies	12	18 fr.
Reliure toile mosaïque, riche plaque, tranche dorée	6	
III. — LES LORETTES VIEILLIES, 30 lithographies. — Broché	12	18 fr.
Reliure toile mosaïque, riche plaque, tranche dorée	6	
IV. — LES INVALIDES DU SENTIMENT, 30 lithographies	12	18 fr.
Reliure toile mosaïque, riche plaque, tranche dorée	6	
V. — HISTOIRE DE POLITIQUER, 30 lithographies. — Broché	12	18 fr.
Reliure toile mosaïque, riche plaque, tranche dorée	6	
VI. — LES PARENTS TERRIBLES, 20 lithographies. — Broché	8	
PIANO, 10 lithographies. — Broché	4	18 fr.
Reliure toile mosaïque, riche plaque, tranche dorée	6	
VII. — LES BOHÈMES, 20 lithographies. — Broché	8	
ÉTUDES D'ANDROGYNES, 10 lithographies. — Broché	4	18 fr.
Reliure toile mosaïque, riche plaque, tranche dorée	6	
VIII. — LES ANGLAIS CHEZ EUX, 20 lithographies. — Broché	8	
MANIÈRE DE VOIR DES VOYAGEURS, 10 lithographies	4	18 fr.
Reliure toile mosaïque, riche plaque, tranche dorée	6	
IX. — LES PROPOS DE THOMAS VIRELOQUE, 20 lithog. — Broché	8	
HISTOIRE D'EN DIRE DEUX, 10 lithographies. — Broché	4	22 fr.
LES PETITS MORDENT, 10 lithographies. — Broché	4	
Reliure toile mosaïque, riche plaque, tranche dorée	6	
X. — LE MANTEAU D'ARLEQUIN, 10 lithographies. — Broché	4	
LA FOIRE AUX AMOURS, 10 lithographies. — Broché	4	18 fr.
L'ÉCOLE DES PIERROTS, 10 lithographies. — Broché	4	
Reliure toile mosaïque, riche plaque, tranche dorée	6	
CE QUI SE FAIT DANS LES MEILLEURES SOCIÉTÉS, 10 lithograph. — Broché		4 fr.
MESSIEURS DU FEUILLETON, 9 lithographies		4 fr.

Outre les séries ci-dessus réunies comme reliure, chaque album broché, de 10 lithographies se vend séparément 4 fr.

CHANSONS POPULAIRES DES PROVINCES DE FRANCE

Notice par CHAMPFLEURY, avec accompagnement de piano par J.-B. WEKERLIN. — Illustrations par MM. BIDA, BRAQUEMOND, CATENACCI, COURBET, FAIVRE, FLAMENG, FRANÇAIS, FATH, HANOTEAU, CH. JACQUE, ED. MORIN, M. SAND, STAAL, VILLEVIEILLE.

Un Magnifique volume grand in-4, illustré. — Prix : 12 fr.

Les Chansons populaires des Provinces de la France sont divisées en trente livraisons, dont chacune forme un tout complet et contient les chansons d'une province ; elles se vendent séparément.

Prix de chaque livraison : 50 centimes.

1re liv. PICARDIE. — La Belle est au jardin d'amour. — La Ballade de Jésus-Christ. — Le Bouquet de ma mie.

2e liv. FLANDRE. — La Fête de Sainte-Anne. — Le Hareng saur. — Le Messager d'amour.

3e liv. ALSACE. — Le Jardin. — Le Diablotin. — La Chanson du hanneton.

4e liv. LANGUEDOC. — Romance de Clotilde. — Joli Dragon. — Dans un jardin couvert de fleurs.

5e liv. NORMANDIE. — En revenant des noces. — Le Moulin. — Ronde du pays de Caux.

6e liv. BOURGOGNE. — J'avais un' ros' nouvelle. — Eho! Eho! Eho! — Voici venu le mois des fleurs.

7e liv. BERRY. — La voila, la jolie coupe. — J'ai demandé-z-à la vieille. — Petit soldat de guerre.

8e liv. GUYENNE et GASCOGNE. — Michaut veillait. — La Fille du président. — Dès le matin.

9e liv. AUVERGNE. — Bourrées de Chap-des-Beaufort. — Quand Marion s'en va-t-à l'ou. — Bourrée d'Ambert.

10e liv. SAINTONGE, ANGOUMOIS et PAYS D'AUNIS. — La Femme du roulier. — La petite Rosette. — La Maîtress' du roi céans.

11e liv. FRANCHE-COMTÉ. — Au bois rossignolet. — Les trois princesses. — Paysan, donn'-moi ta fille.

12e liv. BOURBONNAIS. — Mon père a fait bâtir Château. — Jolie fille de la garde. — Derrièr' chez nous.

13e liv. BÉARN. — Belle, quelle souffrance — Pauvre brebis. — Cantique entounat par Jeanne d'Albret.

14e liv. POITOU. — Nous somm's venus vous voir. — La v'nu' du mois de mai. — C'est aujourd'hui la foire.

15e liv. TOURAINE, MAINE et PERCHE. — La verdi, la verdon. — La Violette. — Su' l'pont du nord.

16e liv. NIVERNAIS. — Lorsque j'étais petite. — Quand j'étais vers chez mon père. — J'étions trois capitaines.

17e liv. LIMOUSIN et MARCHE. — Pourquoi me faire ainsi la mine ? — Les scieurs de long. — Quoiqu'en Auvergne.

18e liv. ANJOU. — Nous sommes trois souverains princes. — La chanson du Rémouleur. — N'y a rien d'aussi charmant.

19e liv. DAUPHINÉ. — J'entends chanter ma mie. — La Pernette. — La Fille du général de France.

20e liv. BRETAGNE. — A Nant's, à Nant's est arrivé. — Rossignolet des bois. — Ronde des filles de Quimperlé.

21e liv. LORRAINE. — J'y ai planté rosier. — Mon père m'envoie-t-à l'herbe. — Le Rosier d'argent.

22e liv. LYONNAIS. — Belle, allons nous éprommener. — Nous étions dix filles dans un pré. — Pingo les noix.

23e liv. ORLÉANAIS. — Les Filles de Cernois. — Le Piocheur de terre. — Les Cloches.

24e liv. PROVENCE et COMTAT D'AVIGNON. — Sur la montagne, ma mère. — Sirvente contre Guy. — Bonhomme, bonhomme.

25e liv. ILE DE FRANCE. — Germine. — Chanson de l'aveine. — Si le roi m'avait donné.

26e liv. ROUSSILLON. — J'ai tant pleuré. — Le changement de garnison. — En revenant de Saint-Alban.

27e liv. CHAMPAGNE. — Cécilia. — Sur le bord de l'île. — C'est le jour du gigotiau.

28e et 29e liv. PRÉFACE

30e liv. TITRE, FRONTISPICE, TABLES et COUVERTURE.

GÉOGRAPHIE NOUVELLE

Par SAGANSAN, Géographe de S. M. l'Empereur et de l'Administration des Postes

---

CARTE DES ÉTATS DE L'EUROPE ET DES PAYS CIRCONVOISINS

Indiquant les Chemins de fer, les principales Routes, les subdivisions des États et les Colonies militaires russes. — Deux feuilles grand-monde coloriées. Prix : 10 fr. — Collée sur toile, en étui : 14 fr. — Collée sur toile, à baguettes. Prix : 17 fr.

CARTE DES POSTES DE L'EMPIRE FRANÇAIS

Indiquant : Chemins de fer avec les Stations, Routes, Chemins de grande communication, Canaux, Rivières, Bureaux de poste, Relais avec les distances intermédiaires en chiffres. — Deux feuilles grand-monde. Prix : 6 fr. — Collée sur toile, en étui : 10 fr. — Collée sur toile, à baguettes. Prix : 14 fr.

CARTE DES CHEMINS DE FER
ET AUTRES VOIES DE COMMUNICATION DE L'EMPIRE FRANÇAIS

Adoptée par les Compagnies de chemins de fer et agréée par Son Excellence le maréchal de France ministre de la guerre, pour servir aux transports de la guerre. — Double feuille grand-monde. Prix : 6 fr. — Collée sur toile, en étui : 10 fr. — Collée sur toile, à baguettes. Prix : 14 fr.

PETITE CARTE DES CHEMINS DE FER
ET DES VOIES NAVIGABLES DE L'EMPIRE FRANÇAIS

Prix : 2 fr.

PLAN DE PARIS

Comprenant l'ancien Paris et les communes ou portions de communes annexées. (Loi du 16 juin 1860). — Prix en feuille, avec livret : 4 fr. — Cartonné : 5 fr. — Entoilé, avec étui : 7 fr. — Sur rouleaux : Prix : 11 fr.

CARTE DES CHEMINS DE FER
ET DE LA TÉLÉGRAPHIE ÉLECTRIQUE DE L'EMPIRE FRANÇAIS

Indiquant le nom de toutes les stations et les bureaux télégraphiques avec le prix de chaque dépêche. — Une feuille coloriée. Prix : 2 fr.

L'EUROPE DE 1760 A 1860

Carte figurative et chronologique des acquisitions et mutations territoriales faites par les cinq grandes puissances, et accompagnée d'une légende indiquant la date et l'origine des possessions coloniales. Prix : 1 fr.

MUSÉE LITTÉRAIRE CONTEMPORAIN
CHOIX DES MEILLEURS OUVRAGES DES AUTEURS MODERNES
10 Centimes la Livraison. — Format in-4° à 2 colonnes

ROGER DE BEAUVOIR fr. c.
- LE CHEVALIER DE ST-GEORGES. 1 vol. » 90
- LE CHEVALIER DE CHARNY. — » 90

CHARLES DE BERNARD
- UN ACTE DE VERTU ET LA PEINE DU TALION. » 50
- L'ANNEAU D'ARGENT. » 30
- UNE AVENTURE DE MAGISTRAT. — » 30
- LA CINQUANTAINE. » 30
- LA FEMME DE QUARANTE ANS. — » 30
- LE GENDRE » 50
- L'INNOCENCE D'UN FORÇAT. — » 30

CHAMPFLEURY
- LES GRANDS HOMMES DU RUISSEAU — » 60

ALEXANDRE DUMAS
- ACTÉ » 90
- AMAURY » 90
- ANGE PITOU 1 80
- ASCANIO 1 50
- LE BATARD DE MAULÉON 2 »
- LE CAPITAINE PAUL — » 70
- LE CAPITAINE RICHARD. — » 90
- CATHERINE BLUM — » 70
- CAUSERIES.—LES TROIS DAMES — 1 30
- CÉCILE » 90
- CHARLES LE TÉMÉRAIRE 1 50
- LE CHATEAU D'EPPSTEIN. — 1 50
- LE CHEVALIER D'HARMENTAL. — 1 50
- LE CHEVALIER DE MAISON-ROUGE. 1 50
- LE COLLIER DE LA REINE 2 50
- LA COLOMBE. — MURAT. » 50
- LES COMPAGNONS DE JÉHU. 1 80
- LE COMTE DE MONTE-CRISTO. 4 »
- LA COMTESSE DE CHARNY. 4 50
- LA COMTESSE DE SALISBURY. — 1 30
- CONSCIENCE L'INNOCENT — 1 30
- LA DAME DE MONSOREAU 2 50
- LES DEUX DIANE 2 20
- LES DRAMES DE LA MER. — » 70
- LA FEMME AU COLLIER DE VELOURS. » 70
- FERNANDE » 90
- UNE FILLE DU RÉGENT — » 90
- LES FRÈRES CORSES. — » 60
- GABRIEL LAMBERT » 70
- GAULE ET FRANCE — » 90
- GEORGES » 90
- LA GUERRE DES FEMMES. 1 56
- L'HOROSCOPE — » 90
- IMPRESSIONS DE VOYAGE.
- UNE ANNÉE A FLORENCE — » 90
- L'ARABIE HEUREUSE 2 10

ALEXANDRE DUMAS (*Suite*) fr. c.
- LES BALEINIERS 1 vol. 1 30
- LES BORDS DU RHIN — 1 30
- LE CAPITAINE ARÉNA — » 90
- LE CORRICOLO — 1 65
- DE PARIS A CADIX. — 1 65
- EN SUISSE. 2 20
- UN GIL-BLAS EN CALIFORNIE — » 70
- LE MIDI DE LA FRANCE. — 1 30
- QUINZE JOURS AU SINAÏ. — » 90
- LE SPÉRONARE — 1 50
- LE VÉLOCE. — 1 65
- LA VIE AU DÉSERT. — 1 30
- LA VILLA PALMIERI. — » 90
- INGÉNUE 1 80
- ISABEL DE BAVIÈRE 1 30
- JEANNE LA PUCELLE — » 90
- LA JEUNESSE DE Mme DU DEFFAND — 2 »
- LES LOUVES DE MACHECOUL — 2 50
- LA MAISON DE GLACE 1 50
- LE MAITRE D'ARMES. — » 90
- LES MARIAGES DU PÈRE OLIFUS — » 70
- LES MÉDICIS — » 70
- MÉMOIRES DE GARIBALDI.
  - (Complet). 1 30
  - 1re série. (Séparément). » 70
  - 2e série. (—). » 70
- MÉMOIRES D'UN MÉDECIN — JOSEPH BALSAMO —. 4 »
- LES MILLE ET UN FANTÔMES. — » 70
- LES MORTS VONT VITE. — 1 50
- NOUVELLES » 50
- OLYMPE DE CLÈVES 2 60
- OTHON L'ARCHER — » 50
- PASCAL BRUNO » 50
- LE PASTEUR D'ASHBOURN. — 1 80
- PAULINE » 50
- LE PÈRE GIGOGNE 1 50
- LE PÈRE LA RUINE. — » 90
- LES QUARANTE-CINQ 2 50
- LA REINE MARGOT 1 65
- LA ROUTE DE VARENNES — » 70
- EL SALTÉADOR. — » 70
- SOUVENIRS D'ANTONY. — » 90
- SYLVANDIRE. » 90
- LE TESTAMENT DE M. CHAUVELIN. » 70
- LES TROIS MOUSQUETAIRES. — 1 65
- LA TULIPE NOIRE » 90
- LE VICOMTE DE BRAGELONNE. — 4 75
- UNE VIE D'ARTISTE » 70
- VINGT ANS APRÈS 2 20

ALEXANDRE DUMAS FILS
- CÉSARINE » 50
- LA DAME AUX CAMÉLIAS. — » 90
- UN PAQUET DE LETTRES — » 50
- LE PRIX DE PIGEONS. » 50

PAUL FÉVAL

		fr. c.
LES AMOURS DE PARIS	1 vol.	1 50
LE BOSSU OU LE PETIT PARISIEN	—	2 50
LE FILS DU DIABLE	—	3 »
LES MYSTÈRES DE LONDRES	—	3 »
LE TUEUR DE TIGRES	—	» 70

THÉOPHILE GAUTIER

CONSTANTINOPLE	—	» 90

Mme ÉMILE DE GIRARDIN

MARGUERITE OU DEUX AMOURS	—	» 90

LÉON GOZLAN

LE MÉDECIN DU PECQ	—	» 90
LES NUITS DU PÈRE-LACHAISE	—	» 90

CHARLES HUGO

LA BOHÈME DORÉE	—	1 50

ALPHONSE KARR

FORT EN THÈME	—	» 70
LA PÉNÉLOPE NORMANDE	—	» 90
SOUS LES TILLEULS	—	» 90

A. DE LAMARTINE

LES CONFIDENCES	—	» 90
L'ENFANCE	—	» 50
GENEVIÈVE, histoire d'une Servante	—	» 70
GRAZIELLA	—	» 60
HISTOIRE ET POÉSIE	—	» 60
LA JEUNESSE	—	» 60
RÉGINA	—	» 60
LA VIE DE FAMILLE	—	» 50

LE DOCTEUR FÉLIX MAYNARD

L'INSURRECTION HINDOUE. De Delhi à Cawnpore	—	» 70

MÉRY

UN ACTE DE DÉSESPOIR	—	» 50
LE BONHEUR D'UN MILLIONNAIRE	—	» 50
LE CHATEAU DES TROIS TOURS	—	» 70
LE CHATEAU D'UDOLPHE	—	» 50
UNE CONSPIRATION AU LOUVRE	—	» 70
LE DIAMANT A MILLE FACETTES	—	» 60
LA FLORIDE	—	» 70
HÉVA	—	» 50
LES NUITS ANGLAISES	—	» 90
LES NUITS ITALIENNES	—	» 90
LES NUITS SINISTRES	—	» 50
SIMPLE HISTOIRE	—	» 75

HENRY MURGER

LES AMOURS D'OLIVIER	—	» 50
LE BONHOMME JADIS	—	» 50
MADAME OLYMPE	—	» 50
LA MAITRESSE AUX MAINS ROUGES	—	» 50
LE MANCHON DE FRANCINE	—	» 50
SCÈNES DE LA VIE DE BOHÈME	—	» 90
LE SOUPER DES FUNÉRAILLES	—	» 50

JULES SANDEAU

SACS ET PARCHEMINS	—	» 90

EUGÈNE SCRIBE

CARLO BROSCHI	—	» 50
JUDITH OU LA LOGE D'OPÉRA	—	» 30
LA MAITRESSE ANONYME	—	» 30
PROVERBES	—	» 70

ALBÉRIC SECOND

		fr. c.
LA JEUNESSE DORÉE	1 vol.	» 50

FRÉDÉRIC SOULIÉ

AU JOUR LE JOUR	—	» 70
LES AVENTURES DE SATURNIN FICHET	—	1 50
LE BANANIER	—	» 50
LA COMTESSE DE MONRION	—	» 70
CONFESSION GÉNÉRALE	—	1 80
LES DEUX CADAVRES	—	» 70
LES DRAMES INCONNUS	—	2 50
LA MAISON N° 3, RUE DE PROVENCE	—	» 70
LES AVENTURES D'UN CADET DE FAMILLE	—	» 70
LES AMOURS DE VICTOR BONSENNE	—	» 70
OLIVIER DUHAMEL	—	» 70
EULALIE PONTOIS	—	» 50
LES FORGERONS	—	» 50
HUIT JOURS AU CHATEAU	—	» 70
LE LION AMOUREUX	—	» 50
LA LIONNE	—	» 70
LE MAITRE D'ÉCOLE	—	» 50
MARGUERITE	—	» 50
LES MÉMOIRES DU DIABLE	—	2 »
LES QUATRE NAPOLITAINES	—	1 50
LES QUATRE SŒURS	—	» 50
SI JEUNESSE SAVAIT, SI VIEILLESSE POUVAIT	—	1 50
LE VEAU D'OR	—	2 40

ÉMILE SOUVESTRE

DEUX MISÈRES	—	» 90
L'HOMME ET L'ARGENT	—	» 70
PIERRE LANDAIS	—	» 50
LES RÉPROUVÉS ET LES ÉLUS	—	1 50
SOUVENIRS D'UN BAS-BRETON	—	1 50

EUGÈNE SUE

LES SEPT PÉCHÉS CAPITAUX	—	5 »
L'ORGUEIL	—	1 50
L'ENVIE	—	» 90
LA COLÈRE	—	» 70
LA LUXURE	—	» 70
LA PARESSE	—	» 50
L'AVARICE	—	» 50
LA GOURMANDISE	—	» 50
LES ENFANTS DE L'AMOUR	—	» 90
LA BONNE AVENTURE	—	1 50
GILBERT ET GILBERTE	—	2 70
LE DIABLE MÉDECIN	—	2 70
LA FEMME SÉPARÉE DE CORPS ET DE BIENS	—	» 90
LA GRANDE DAME	—	» 50
LA LORETTE	—	» 50
LA FEMME DE LETTRES	—	» 90
LA BELLE FILLE	—	» 50
LES MÉMOIRES D'UN MARI	—	2 70
UN MARIAGE DE CONVENANCES	—	1 50
UN MARIAGE D'ARGENT	—	» 90
UN MARIAGE D'INCLINATION	—	» 50
LES SECRETS DE L'OREILLER	—	2 10
LES FILS DE FAMILLE	—	2 70

VALOIS DE FORVILLE

LE CONSCRIT DE L'AN VIII	—	» 90

BROCHURES DIVERSES

ÉMILE AUGIER — fr. c.
Discours de réception à l'Académie française. . . . . 1 »

LOUIS BLANC
Appel aux honnêtes gens. . . . . 1 »
La Révolution de Février au Luxembourg. . . . . 1 »

HENRI BLAZE DE BURY
M. le Comte de Chambord, un mois à Venise. . . . . 1 »

BONNAL
Abolition du prolétariat. . . . . . 1 »
La Force et l'Idée. . . . . 1 »

G. BOULLAY
Réorganisation administrative. . 1 »

L. COUTURE
Du gouvernement héréditaire en France et des trois partis qui s'y rattachent. 1 50

CHARLES DIDIER
Question sicilienne. . . . . 1 »
Une visite à M. le Duc de Bordeaux. . . . . 1 »

ERNEST DESJARDINS
Notice sur le Musée Napoléon III et promenade dans les galeries. » 50

DUFAURE
Du droit au travail. . . . . » 30

ALEXANDRE DUMAS
Révélations sur l'arrestation d'Émile Thomas. . . . . » 60

ADRIEN DUMONT
Les principes de 1789. . . . . . . 1 »

LÉON FAUCHER
Le Crédit foncier. . . . . » 30
De l'impôt sur le revenu. . . . . » 30

ÉMILE DE GIRARDIN
Avant la Constitution. . . . . . . » 50
Conquête et nationalité. . . . . . 1 »
Le Désarmement européen. . . 1 »
Désarmement et matérialisme. . 1 »
L'Empereur Napoléon III et la France. . . . . 1 »
L'Empire avec la liberté. . . . . 1 »
L'équilibre européen. . . . . 1 »
L'expropriation abolie par la dette foncière consolidée. . . . 2 »
La Guerre. . . . . 1 »
Journal d'un journaliste au secret. . . . . 1 »
Le Libre Vote. . . . . 1 »
L'Ornière des Révolutions. . . . 1 »
Solution de la question d'Orient. 2 50
Unité de rente et unité d'intérêt. 2 »

GLADSTONE
Deux lettres au Lord Aberdeen sur les poursuites politiques exercées par le gouvernement napolitain. . . . . 1 »

JULES GOUACHE — fr. c.
Les Violons de M. Marrast. . . . » 50

LE COMTE D'HAUSSONVILLE
Consultation de MM. les Bâtonniers de l'Ordre des Avocats. 1 »
Lettre aux Bâtonniers de l'Ordre des Avocats. . . . . 1 »

LAMARTINE
Du droit au travail. . . . . » 50
Lettre aux dix départements. . . » 50
La Présidence. . . . . » 50
Du projet de Constitution. . . . » 50
Une seule chambre. . . . . » 50

ÉDOUARD LEMOINE
Abdication du roi Louis-Philippe » 50

JOHN LEMOINNE
Affaires de Rome. . . . . 1 »

A. LEYMARIE
Histoire d'une demande en autorisation de journal, simple question de propriété. . . . . . 2 »

LE COMTE DE MONTALIVET
Le roi Louis-Philippe et sa liste civile. . . . . » 50

LE BARON DE NERVO
Les Finances de la France sous le règne de Napoléon III. . . . 1 »

D. NISARD
Discours prononcé à l'Académie française en réponse au discours de réception de M. Ponsard. 1 »

UN PAYSAN CHAMPENOIS
A Timon, sur son projet de Constitution. . . . . » 50

CASIMIR PÉRIER
Le Budget de 1863. . . . . 1 »
La Réforme financière de 1862. 1 »

A. POMBOY
Le Maréchal Bugeaud. . . . . . . 1 »

F. PONSARD
Discours de réception à l'Académie française. . . . . 1 »

PRÉVOST-PARADOL
De la liberté des cultes en France. . . . . 1 »
Deux lettres sur la réforme du Code pénal. . . . . 1 »
Du gouvernement parlementaire et du décret du 24 novembre. 1 »

ESPRIT PRIVAT
Le Doigt de Dieu. . . . . 1 »

ERNEST RENAN
Catalogue des objets provenant de la Mission de Phénicie. . . » 50

SAINT-MARC GIRARDIN
Du décret du 24 novembre ou de la réforme de la Constitution de 1852. . . . . 1 »

GEORGE SAND & V. BORIE
Travailleurs et propriétaires. . . 1 »

THIERS
Du Crédit foncier. . . . . » 30
Le Droit au travail. . . . . » 30

www.ingramcontent.com/pod-product-compliance
Lightning Source LLC
Chambersburg PA
CBHW070527100426
42743CB00010B/1978